大学英语教学基础理论及改革探索

李国金 著

北京理工大学出版社
BEIJING INSTITUTE OF TECHNOLOGY PRESS

版权专有 侵权必究

图书在版编目(CIP)数据

大学英语教学基础理论及改革探索/李国金著.—北京:北京理工大学出版社,2018.12
ISBN 978-7-5682-6571-3

Ⅰ.①大… Ⅱ.①李… Ⅲ.①英语－教学研究－高等学校 Ⅳ.①H319.3

中国版本图书馆 CIP 数据核字(2018)第 297709 号

出版发行 /	北京理工大学出版社有限责任公司
社　　址 /	北京市海淀区中关村南大街 5 号
邮　　编 /	100081
电　　话 /	(010)68914775(总编室)
	(010)82562903(教材售后服务热线)
	(010)68948351(其他图书服务热线)
网　　址 /	http://www.bitpress.com.cn
经　　销 /	全国各地新华书店
印　　刷 /	北京虎彩文化传播有限公司
开　　本 /	787 毫米×1092 毫米　1/16
印　　张 /	11.75
字　　数 /	152 千字
版　　次 /	2018 年 12 月第 1 版　2018 年 12 月第 1 次印刷
定　　价 /	60.00 元

责任编辑 / 张慧峰
文案编辑 / 张慧峰
责任校对 / 周瑞红
责任印制 / 李志强

图书出现印装质量问题,请拨打售后服务热线,本社负责调换

前　言

随着经济全球化的持续发展以及中国对外开放的不断深入，国家之间交流与合作日益频繁，社会急需一批高水平、高能力、高素质的英语人才。英语教学是培养英语人才的重要领域，对提高学生的英语水平与交流技能起着重要的推动作用，甚至对社会的发展起着一定的促进作用。

几十年来，我国大学英语课程的教学形式主要是案例式与讲义式教学。通常，任课教师从自身的喜好与经验出发，选择一定量的案例，自编成内部使用的讲义来展开教学。这种方式的好处在于授课方式多变、内容丰富，教师运用起来也轻车熟路。这种教学方式比较适用于教材和教学经验相对匮乏的早期，如今大学英语教学已经得到了更大的发展，这种传统的教学方式已经不能适应教学发展的需要，因此必须对大学英语教学进行改革。

就当代教育学的观点来说，当前的大学英语教学应该以实用为导向，如将社会发展因素、文化因素等考虑进去。对此，根据社会的发展需求以及当今大学英语教学的现状，作者在总结多年经验的基础上精心撰写了《大学英语教学基础理论及改革探索》一书，以期为我国大学英语教学质量的提高略尽绵力。

本书共包含八章。第一章开篇明义，对大学英语教学的基础理论展开探讨，涉及大学英语教学的内涵、原则与理论依据。第二章进一步与主题相呼应，论述了大学英语教学改革的相关知识，涉及开展大学英语教学改革的意义、大学英语教学改革的历程与方向。第一章和第二章主要为基础知识的探讨，通过这两章的论述,为下面章节内容的展开做铺垫。教学手段、教学模式是教学的重要组成部分,这在大学英语教学中也不例外,因此第三章重点论述了大学英语教学手段与教学模式的改革。第四章至第六章为本书的重点,探讨了大学英语词汇、语法知识教学与听、说、读、写、译技能教学的改革,主要论述大学英语各项知识与技能教学的原则与方法,使读者能够更好地在教学实践中加以运用。同时,由于语言与文化密切相关,当前的大学英语教学必然涉及文化教学,因此将文化教学纳入大学英语教学的基本内容是很有必要的。第七章与第八章探讨了大学英语教学中的两大重要组成部分——评价与教师。第七章首先简述了教学评价的基础知识,进而探讨了大学英语教学评价的原则与新方法。第八章对大学英语教学中的师资建设进行探讨,首先分析了大学英语教师的角色与素质要求,进而探讨了提升大学英语教师教学能力的途径,以更好地提升教师的教学素养,使教师顺利完成教学任务。

本书的撰写主要体现了三大特色。

第一,体系完整。本书首先探讨了大学英语基础理论与改革的相关知识,然后分析了大学英语教学的各个组成部分——教学手段、教学模式、教学内容、教学评价、师资建设。整体而言,本书具有很强的系统性。

第二,亮点突出。本书在介绍大学英语教学模式时,特别论述了体验课堂、翻转课堂等新的教学模式,这一方面与教学改革的要求相符,另一方面与社会的发展水平相符。在阐述大学英语翻译教学改革时,引入了现在国家推崇的古诗词文化,通过古诗词翻译,更好地传播中国文化。同时,在论述大学英语文化教学改革时,将大学英语教学与英美文学教学结合起来,这是因为英美文学中包含大量的西方文化知识,越来越多的教师利用英美文学渗透法来帮助学生学习西方文化。这些突出的亮点使得本书更具有特色。

第三,实用性强。本书首先分析了大学英语教学与改革的基础知识,进而结合词汇、语法、听力、口语、阅读、写作、翻译、文化教学的实践,真正做到了理论与实践的结合,以期更好地为读者服务。

本书在撰写的过程中,参阅了大量有关大学英语教学与改革的资料或文献,同时为了保证论述的全面性与合理性,本书引用了许多专家、学者的观点。在此,谨向以上相关作者表示最诚挚的谢意,并将相关参考文献列于书后,如有遗漏,敬请谅解。由于作者水平有限,书中不免存在遗漏之处,恳请广大读者不吝指正。

作　者

2018 年 10 月

目　　录

第一章　大学英语教学基础理论 …………………………… 1
　　第一节　大学英语教学的内涵 ………………………… 1
　　第二节　大学英语教学的原则 ………………………… 6
　　第三节　大学英语教学的理论依据 …………………… 11

第二章　大学英语教学改革论述 …………………………… 28
　　第一节　大学英语教学改革的意义 …………………… 28
　　第二节　大学英语教学改革的历程 …………………… 31
　　第三节　大学英语教学改革的方向 …………………… 38

第三章　大学英语教学的手段与模式改革 ………………… 43
　　第一节　大学英语教学手段改革 ……………………… 43
　　第二节　大学英语教学模式改革 ……………………… 48

第四章　大学英语词汇与语法教学理论及改革 …………… 69
　　第一节　大学英语词汇教学改革 ……………………… 69
　　第二节　大学英语语法教学改革 ……………………… 79

第五章　大学英语听力、口语、阅读教学理论及改革 ……… 87
　　第一节　大学英语听力教学改革 ……………………… 87
　　第二节　大学英语口语教学改革 ……………………… 92

第三节　大学英语阅读教学改革 …………………… 98

第六章　大学英语写作、翻译、文化教学理论及改革 ……… 106

　　第一节　大学英语写作教学改革 …………………… 106
　　第二节　大学英语翻译教学改革 …………………… 110
　　第三节　大学英语文化教学改革 …………………… 120

第七章　大学英语教学评价理论及改革 ………………… 130

　　第一节　教学评价简述 ……………………………… 130
　　第二节　大学英语教学评价的原则 ………………… 144
　　第三节　大学英语教学评价的新方法 ……………… 148

第八章　大学英语教学中的师资建设 …………………… 155

　　第一节　大学英语教师的角色与素质要求 ………… 155
　　第二节　大学英语教师提高教学能力的途径 ……… 174

参考文献 ……………………………………………………… 177

第一章　大学英语教学基础理论

近年来,随着国际竞争的日益加剧,我国大学英语教学面临着越来越严峻的挑战。在这样的时代背景下,如何对英语教学的基础理论进行更新,从而提升英语教学的质量就成为一个亟待解决的问题。为此,本章作为全书开篇,首先来探讨大学英语教学的基础理论,涉及大学英语教学的内涵、原则以及理论依据。

第一节　大学英语教学的内涵

大学英语教学属于高等教育教学的一项重要内容,也是大学生必修的一门课程,这门课程不仅与学生的需求相关,也与国家、社会的需求相关。大学英语教学属于一种综合型教学活动,要想对大学英语教学有深入的了解与把握,首先必须弄清什么是大学英语教学。

一、教学

在教育的范畴中,教学是一个比较复杂的因素。究其原因,教学对教师而言是一种教育活动,对学生而言则是一种学习活动。因此,教学既是教师教的过程,又是学生学的过程。在这样一个师生互动的过程中,学生在教师的引导下不仅能掌握知识与技能,而且能在能力、情感、态度及价值观等方面得到成长,即学生在学习过程中得到了全面发展。可见,作为教与学的有机统一体,教学过程需要教师有计划地教与学生积极地学,与师生的共同参与密不可分。需要注意的是,学生在这一过程中居于主体地位,教师则是对这一活动进行有效引导。

教学是学校教育中最重要的教育活动形式,具有较强的目的性。此外,知识与技能的传递是教学活动的主要任务,这些传递的内容具体表现为课程内容与教学内容。从总体层面来分析,教学活动的计划性、系统性较强,因此常采取课程计划、教学计划的形式。一般来说,教育行政机构负责课程计划与教学计划的制订。在某些情况下,也可由教师或学校自行制订。

二、语言教学

语言教学是教育工作的重要组成部分,其根本目的是帮助学习者掌握一门具体语言并应用于具体交际活动中。

一般来说,语言教学主要包括以下两种。

(1)本族语教学,即第一语言教学。学者们对第一语言教学的内容有不同的看法。一些学者认为,语言教学是一种有计划、有目的、有特定方法的教学活动,但儿童第一语言的习得活动不具备这种特性,因此儿童的第一语言习得活动不属于语言教学的范畴。但在另一些学者看来,儿童语言的习得和学习都属于第一语言教学的范畴。

(2)外语教学,即第二语言教学。第二语言教学主要指对外国语言的教学,既包括中国内地对英语等外语的教学,也包括中国对外国学生进行的汉语教学。第二语言教学是对第一语言能力的一种扩大,是在第一语言教学的基础上进行的。

除第一语言教学与第二语言教学外,语言教学还包括双语教学和多语教学。

语言教学有其独立的理论体系,是一门独立的学科。但是,语言教学研究不仅仅局限于整个教学活动,它还对语言教学的原则、方法等理论进行研究。此外,语言教学的开展离不开相关理论的支持,如应用语言学、教育学、心理学、教育技术学、学科教学论等。

三、英语教学的本质属性

英语教学不仅属于一种语言教学,而且属于一种文化教学。

首先,英语教学属于一种语言教学。英语是国际性的交际语言,所以英语教学必然属于语言类的教学。开展英语教学的目的在于培养学生的英语语言运用能力。对于中国学生而言,作为第二语言的英语本身是一门外语,对英语进行教学也是外语教学。就人类外语教学的历史发展而言,外语教学与外语知识教学密切相关,以外语知识作为基础展开教学,有助于学生培养自身的外语运用能力,这也是英语教学作为语言教学的本质所在。

需要明确的是,那些对语言知识学习展开的研究类的语言教学并不是建立在语言运用基础上的,因此这类展开教学并不属于语言教学的内容,如对古汉语展开的研究、对古希腊语展开的研究等。这些语言在当今社会也并未使用,因此需要将这种研究与语言教学相分离。

其次,英语属于一种文化教学。众所周知,语言与文化有着密切的关系,二者的关系反映在英语教学中就意味着必然需要展开文化教学。具体而言,需要学生对基本的语言知识和文化知识有所掌握,同时需要提升自身的语言思维,便于以后在生活和工作中能够恰当地运用英语这门语言。

四、大学英语教学的内涵与定位

对于中国学生而言,英语属于第二语言,如果缺乏语言运用的环境,缺乏使用对象,那么对于大学英语教学而言必然会走入困境。这是因为大学英语教学对语言的掌握水平与应用水平都有直接的影响,这可以从大学英语教学的内涵及其定位中体现出来。

(一)基本内涵

从教育学的角度来说,大学英语教学是教育活动的一种。对于教师来说,教学主要是为了引导学生进行学习;而对于学生来说,教学是在教师的指引下进行学习。促进学生的发展是教学实现的目标。可见,教学是教师与学生的互动过程,教师负责教,学生负责学,是二者共同实现教学目标的一项活动。

关于大学英语教学的内涵,可以从如下几点来理解。

1. 有目的的活动

教学的阶段不同,英语教学的目标也不同。如果是中小学、高中阶段的学生,他们的英语学习主要是学习词汇、语法、听力、阅读等基础知识;而到了大学阶段,他们除了要继续学习英语基础知识外,还需要掌握听、说、读、写、译技能,并将这些技能与文化相结合,进而将英语知识运用到日常生活与工作中。

2. 具有系统性与计划性

大学英语教学具有系统性与计划性。说其具有系统性,主要体现在制订者上,包含教研部门、教育行政机构、学校教学管理者等。说其具有计划性,是指对英语知识展开计划性的教学,如语音、词汇、语法、听力、口语、阅读、写作、翻译等知识与技能的传递。

3. 需要采取合理的教学方法与技术

大学英语教学需要采取合理的教学方法与教学技术。随着英语教学的发展与进步,很多教学方法应运而生,再加上现代科技的辅助,尤其是网络多媒体的发展,使得大学英语教学更具有互动性、灵活性,并且教学效果也更加明显。

综上所述,我们可以将大学英语教学的内涵总结为:教师从教学目标与教学内容出发,在有计划的、系统的教学过程中采用一些技术手段来传授英语知识,让学生掌握英语基础知识,促进学生整体英语素质的提升与发展。

(二)教学定位

大学英语教学的定位问题在英语教学中尤为重要。如果定位准确,那么大学英语教学会不断满足国家、社会与学生个人的需求;如果定位不准确,那么大学英语教学将会被社会淘汰。

大学英语教学属于我国外语教学的一部分,因此其有外语教学的共性,既有优点也有缺点,优点在于规模比较大,具有多元化特点;缺点在于布局不合理、规划不足,这就导致大学英语教学中出现明显的"费时低效"现象。

根据资料统计,现代的高等院校毕业生中具备高水平的英语人才严重匮乏,教学的整体规划也不完善,这对大学英语教学的健康发展造成了不利的影响。因此,当前大学英语教学既要考虑地域性、学科性这一纵轴,也要考虑需求性、前瞻性这一横轴,将师资力量的提升作为保证,推进大学英语教学的整体规划。

通过上述分析可知,由于大学英语教学受地域性、学科性、需求性、师资力量等各个因素的影响和制约,因此各大高校应该从学生的不同情况出发,做出适合不同学生的不同规划。在当前的形势下,大学英语教学需要重新进行定位,即将培养学生的英语综合运用能力作为大学英语教学的目标。

英语学习不能急于求成,这不仅是为了以后的考试,而且也是为了以后的工作与交流。如果学生学的是旅游专业,那么他们毕业时应该可以用英语介绍景点,为外国人做导游。学生在学校学习的时间是有限的,在他们专业领域的学习不可能是尽善尽美的,但至少在学习中已经积累了一定的经验,因此可以为以后的学习打下基础,为以后的工作做一定的准备。

总之,大学英语教学需要定位明确,这是不争的事实。著名学者戴炜栋就明确指出,中国应该建设一个符合中国实际的英语教学体系,使教学中的各个环节相互贯穿,但在贯穿的基础上,一定要做到从国情出发,建立以综合英语为基础的多元化英语教学模式。

第二节　大学英语教学的原则

所谓教学原则,是指在一定教学目标的指导下,根据教学规律,对教学展开指导的行为准则。大学英语教学也需要以一定的教学原则作为指导,且这些教学原则要与英语这门学科的特征相符合,同时需要与学习英语的学生的特点相符合。随着大学英语教学的不断改革与发展,形成了很多与之相符的教学原则,本节对其进行总结与论述。

一、以学生为中心原则

无论是哪一门学科的学习,学生都占据主体的地位,是影响教学的内在要素。当然,大学英语教学也不例外。这就要求教师在大学英语教学中坚持以学生为中心,将学生的主观能动性发挥出来,从而不断提升他们的英语学习质量与效率。

学生中心原则指的是在教学中根据学生的实际情况进行教学活动的设计与开展。具体来说,学生的实际情况包括以下几个要素。

(1)真实的学习目标。

(2)真实的学习兴趣。

(3)真实的学习动机。

(4)真实的学习机制。

(5)真实的学习困难。

在具体的教学实践过程中,教师应该在考虑上述因素的基础上,鼓励学生积极参与教学活动,在获得知识的同时培养学生的语言能力、交际能力以及应用能力。

在以学生为中心的教学原则下,培养出的学生能够感受自身在英语教学与学习中的地位,从而以主人翁的态度进行英语学习,在学习上也会更加主动、积极。思辨能力的培养也应该以学生为中心,重视学生在教学和能力培养中的中心地位。

二、发展性原则

所谓发展性原则,是指确保所有学生的智力因素与非智力因素都得到应有的发展。这不仅应体现在教学工作的初始阶段,而且也应体现在教学工作的结束阶段,是衡量教学效果的一项重要标准。

大学英语教学过程不仅是学生的认知、学生的英语技能、学生的学习情感交互的过程,也是整个生命体的活动过程。因此,学生的发展可以视为一个生命体的成长过程,并且这一过程具有和谐性、多样性以及统一性的特点。要实现这一目标,需要做到如下三点。

(1)教师要对每位学生的成长予以关注,确保所有学生都能得到发展。

(2)充分挖掘课堂存在的智力和非智力资源,合理、有机地实施教学,使之成为促进学生发展的有利资源。

(3)为学生设计一些对智慧和意志有挑战性的教学情境,激发他们的探索和实践精神,使教学充满激情和生命气息。

思辨能力属于学生人文素养提升的重要组成部分,对于学生的整体素质发展有着重要的影响作用。在大学英语教学的过程中,教师需要遵循发展性原则,使学生的能力与素养得到切实提高。

三、综合性原则

大学英语教学应该重视综合性原则,对语音、词汇、语法等知识进行交互教学,从而提高教学的实用性。具体来说,综合性原则指导下的大学英语教学应该重视以下几个方面的内容。

(一)整句教学与单项训练相结合

如前所述,大学英语教学的目标在于培养学生的语言运用能力,因此在教学中应该做到总分结合,既要对整句进行教学,也要结合单项的训练。

当学生的语言知识达到一定的水准后,他们就能够将语言知识运用到自身的日常生活与工作中,这样的运用也有助于学生语感能力的提升。也就是说,在大学英语教学中应首先开展整句教学,即先教给学生一些简单的句子,当学生有了一定的积累之后,再教授复杂的句子,这时候需要将整句练习与单项训练结合起来。

(二)进行综合训练

语言学习并不是独立的,而是一个统一的整体,因此需要在教学中开展综合训练,即将听、说、读、写、译各项技能的教学结合起来。

在大学英语教学中,听、说、读、写、译几项技能的培养是教学开展的主要内容与路径,教师可以对学生的多项感官进行训练,保证五项技能训练的比例与数量,从而让学生逐渐完成学习任务,提升学习质量。

(三)进行对比教学

众所周知,英汉语言之间存在明显的差异,这就要求教师在大学英语教学中引导学生对英汉语言进行对比,通过对比,让学生发现二者在动植物词汇、人名、地名、称谓语、禁忌语等各个层面的差异,并能准确地运用语言来进行写作与翻译。总之,通过对比教学,学生可以不断提升自身的学习效果。

四、以就业为导向原则

所谓以就业为导向,顾名思义就是教学的目的是为学生的就业服务的,这一般适用于高职院校的学生。高职英语教学具有特殊性,教学目的与内容往往具有实用性,因此教师在教学中必然需要坚持以就业为导向原则。具体来说,这一原则要求教师注意如下几点。

(1)在教学过程中,教师所讲授的知识需要与学生未来的职业领域相关。

(2)在具体的实践过程中,教师能够引导学生实现"零过渡"。具体来说,高职院校可以与社会上的与本专业领域相关的企业进行合作,为学生提供更多实际的参与机会,为以后顺利进入职场做铺垫。

(3)《关于全面提高高等职业教育教学质量的若干意见》中指出,高职英语教学应该以就业为导向,强化学生的职业能力,推行"双证书"制度,力争实现具有职业资格证书的80%毕业生都能取得"双证书"。该政策就是倡导高职院校可以与社会上的一些"考证"机构合作,帮助高职学生在毕业时取得双证或多证,为自己的未来发展谋取更多的机会。

五、以网络为手段原则

在大学英语教学中,还要将网络作为手段。以网络为手段的原则有很多细则,具体分析如下。

(一)多媒体呈现

众所周知,声音加图像的形式要明显比单独表述的方式有更大的优势。因此,学生需要同时接收言语信息与形象信息,这比单纯接收单一的信息更有意义。例如,在英美文学的学习中,学生一边听解说,一边通过幻灯片、录像、动画等看到与材料相关的视频信息,其学习效果会比单独听录音、单独看文字材料更好,这就是梅耶所谓的"多媒体效应"。在多媒体环境下,学生能够同时建构两种心理表征——言语表征与视觉表征,并能够建立起二者之间的联系。

(二)时空同步

相关的言语信息与视觉信息往往出现在同一时空,而不是分散的,因此更有利于学生接受和理解教学内容。例如,学生在学习自行车打气筒的工作原理时,如果一边听声音解说,一边观看动画演示,就能很容易地了解和把握。梅耶指出,这一学习效果能够提高50%,这就是所谓的"时空同步效应"。在这一环境下,相关的言语信息与视觉信息需要同步进入工作记忆区,便于二者建立联系。

(三)注意分配

在网络环境下,言语的呈现需要通过听觉信道,而不是视觉信道。例如,学生通过听解说、看动画来了解材料内容。当解说词与动画都以视觉形式呈现时,学生不仅要对动画信息加以注意,还需要对文字信息进行关注,因此会导致视觉负担加重,造成部分信息的丢失。但是,当文本信息和图像信息分别以听觉、视觉呈现,学生可以在听觉工作记忆区加工言语表征,而在视觉工作记忆区加工图像表征,这就大大减轻了学生的视觉负担,从而均衡分配注意力,有利于学生对信息的理解和接受。

（四）个体差异

与基础好的学生相比,如上三条原则对于基础差的学生更有效;与形象思维差的学生相比,上述三条原则对形象思维好的学生更有效。可见,这些效应的产生与学生的个体差异有密切关系。以网络为手段的大学英语教学应该坚持个体差异原则,注意区分学生的原有基础知识能力及形象思维能力,使不同的学生都能够实现最好的言语与图像的结合,从而获取所需英语知识。

（五）紧凑性

以网络为手段的大学英语教学需要坚持紧凑性原则,这样有助于言语信息与图像信息的应用。在网络环境下,学生接收短小精悍的言语信息和图像信息,其学习效果更好,这就是所谓的"多余信息效应"。

第三节　大学英语教学的理论依据

大学英语教学模式是语言学、教育学、认知科学等发展到一定阶段的产物,具有一定的必然性,也是对传统语言学、教育学的理论、观念、思想、方法论的继承和发扬。对大学英语教学的研究首先需要探究其理论依据。因此,本节就对大学英语教学的理论依据展开具体分析和探讨。

一、基础理论

大学英语教学首先是建立在基础理论上的,涉及哲学理论、传播学理论、方法论、绩效论、美学理论、教育学理论、心理学理论。下面对这几个理论展开分析。

(一)哲学理论

哲学是一切社会学科、自然学科、思维学科的理论基础。大学英语教学当然也离不开哲学理论的指导,尤其是辩证唯物主义的方法论和认识论。在构成大学英语教学的理论基础中,人本主义与技术主义是其最深层次的哲学基础。① 在大学英语教学中应用哲学的观点,有助于处理和对待教师与技术的关系、教师与学习者的关系、传统教学手段与现代教学手段的关系、传统学习资源与数字化网络资源的关系等,这些都有助于保证大学英语教学的顺利开展。

(二)传播学理论

传播学主要研究的是人类的一切传播行为,即在传播过程中发展、发生以及传播的人与社会的关系、社会信息系统及其运行规律的科学。② 20世纪30年代以来,传播学逐渐成了跨学科研究的产物。传播学被运用于教学领域往往被称为"教育传播学"。教育传播是教育者与被教育者间通过传播媒介进行信息交流的过程。传播理论与大学英语教学的关系主要体现在:传播理论归纳和阐释了大学英语教学传播过程中所涉及的各种要素、信息传播的基本规律、信息传播的基本阶段等层面,这为优化大学英语

---

① 何克抗.教学设计理论与方法研究评论[J].电化教育研究,1998(2):3-9.
② 转引自许智坚.计算机辅助英语教学[M].厦门:厦门大学出版社,2015:9.

教学过程、高效地传播大学英语教学信息提供了重要的理论支持。

(三)方法论

方法论是对具体的、科学的方法的总结和概括。科学的方法即人们正确地理解现象和文本、获取可靠的信息的方法。科学的方法体现了科学的精神,尤其是科学的理性精神、实证精神以及审美精神等。[①] 方法论是基于系统科学建立起来的,因此也可以称为"系统科学方法",而系统科学的前身是20世纪发展起来的控制论、信息论以及系统论。基于这三论,加之研究者对其他相关学科的探究,逐渐构成了现代系统科学方法论体系。外语教学是一个教学信息的传递过程,信息的传递效果往往会受传递方式、信道容量等的影响和制约。大学英语教学对教学过程进行有效的控制,从而获取及时的反馈信息,对教学策略和教学进度予以调整和修订,从整体上优化教学过程,为获取理想的教学效果而努力。

(四)绩效论

"绩效"一词的原本含义是"能力、性能、工作效果、成绩",包含工作质量、工作数量、获取的效果收益等。20世纪60年代,美国首次将绩效技术作为一个专门课题进行研究。经过几十年的发展,关于绩效论的研究也不断深入,逐渐成了国际教育界研究的前沿课题,也引起了国内外学者和实践者广泛的关注和重视。在大学英语教学中引入绩效论是时代发展的必然要求,大学英语教学中的绩效技术包含设计、分析、实施、开发、评价等内容。因此,在大学英语教学实施的过程中,需要学习者投入更多的精力

---

① 肖川. 补一补方法论的课[J]. 青年教师,2008(2):13—14.

与时间,方法应用是否得当往往与学习者的学习效果成正比。同时,需要考虑教师的投入与产出,尤其是二者的经济价值比问题。教师应用绩效技术来设计教学方案和教学内容,可以更好地体现经济性、适应性、可行性等基本原则。

(五)美学理论

美学理论最初源于对感官的感受,其从人对现实的审美关系出发,以艺术作为主要对象来研究美丑、崇高等审美范畴及人的美感经验和审美意识。现如今的大学英语教学与信息技术相结合,具有直观性和形象性,其从内容到形式都强调通过艺术美、教学美、科学美等来对教学信息进行传达,将艺术魅力体现出来。因此,美学贯穿大学英语教学的全过程,在教学中创设美的意境,将深奥、抽象的内容艺术化、形象化,通过生动有趣的表现手法将使知识更有感染力。

(六)教育学理论

教育学的一大任务就是对一般的教学原理进行研究。人们对教育学进行了长期研究和探索,将大量的教学规律总结和揭示出来,在教学目标、教学基本原理、教学方法、教学内容、教学模式、教学评估、教学策略等层面都取得了丰硕的成果。大学英语教学同样建立在教育学理论的基础上,对教学模式、教学资源、教学方法、教学手段等进行研究。因此,教育学与大学英语教学模式有着密切的关系。

(七)心理学理论

心理学主要研究的是人类认识世界、获取知识、获取技能等的心理规律和心理机制。心理语言学从认知能力、信息处理的角度对语言的学习与运用进行研究,从而对大学英语教学产生一定的指导。心理语言学与外语教育心理学主要研究的是学习者如何习得外语知识和技能等。大学英语教学依据的是心理学、心理语言学与外语教学的相关原则,更高效、科学地帮助学习者掌握语言知识和技能,发挥学习者的个性和智力潜力,提升学习者的语言交际能力。

二、语言学理论

大学英语教学深受语言学理论的影响,其中受社会语言学理论、应用语言学理论、二语习得理论、交际语言教学理论的影响尤为突出。

(一)社会语言学理论

社会语言学兴起于20世纪五六十年代,是一门涉及语言学、人类学、社会学、社会心理学、大众传媒、交际学等学科的边缘学科,主要研究的是语言与社会的关系问题。社会语言学的研究范围非常广泛,根据研究对象的不同,可以将社会语言学分为微观社会语言学与宏观社会语言学。微观社会语言学主要研究的是社会发展过程在语言中的反映,如性别、年龄、教育水平、社会阶级等因素与语言的关系等。宏观社会语言学主要研究的是语言规划、语言政策、双语教育、语言规范化等整体性、全局性的问题。

现代大学英语教学深受社会语言学理论的影响,该理论强调语言习得的社会性,将语言学习视为某一特定语言团体中进行社会交际和实践学习的过程,因此在语言学习过程中要重视为学习者提供真实性的社会交际机会,促使学习者对社会需要的语言技能进行训练。

(二)应用语言学理论

应用语言学理论是由波兰语言学家库尔特内(Courtenay,

1870)提出的,这门学科于20世纪40年代建立起来,在20世纪60年代得到蓬勃发展。应用语言学是一门交叉学科,涉及很多边缘学科,即结合了信息论、心理学、社会学、计算机科学、控制论、教育学等多门学科,根据社会的实际需要,对语言进行多方面、多层次的研究。

从广义层面上说,应用语言学指的是将语言学知识运用于对实际问题的解决上,包含标准语的建立、语言教学、辞书编纂、翻译等。从狭义层面上说,应用语言学指的是语言学理论应用于语言教学,尤其是第二语言的教学。

随着社会的进步,语言学研究在不断加深,应用语言学的研究范畴也逐渐扩大,突破了语言教学与语言学习的界限,扩展到语言规划、语言信息处理等层面。

(三)二语习得理论

20世纪60年代末,二语习得理论作为一门学科诞生,发展至今已经有50多年的历史。与其他学科相比,二语习得研究属于一个新的领域,该理论的主要派别可以分为三大类:先天论、环境论以及相互作用论。二语习得理论涉及三大领域:学习者内部因素研究、学习者外部因素研究、中介语研究。二语习得理论是在认知科学的理论上建立起来的。从认知科学出发,二语习得是人类先天存在的语言习得机制。克拉申(Krashen)提出的二语习得理论的核心是:习得—学得假说、自然顺序假说、监控假说、输入假说、情感过滤假说。

1. 习得—学得假说

习得是指"学习者无意识地、自然地、不自觉地学习语言的过程"。学习者通过"习得"能获得语言知识和语言能力。

学得是指"学习者有意识地、正式地、自觉地学习语言的过程"。学习者通过"学得"能获得语言规则。

"习得"与"学得"的区别如表 1-1 所示。

表 1-1　语言的习得与学得的不同

	习得	学得
输入	自然输入	刻意地获得语言知识
侧重	语言的流畅性	语言的准确性
形式	与儿童的第一语言习得类似	重视文法知识的学习
内容	知识是无形的	知识是有形的
学习过程	无意识的、自然的	有意识的、正式的

(资料来源:何广铿,2011)

2. 自然顺序假说

克拉申提出了自然顺序假说,说明习得语言结构是有一定次序的。该假设认为,一种语言的语法规则或结构是依据特定的、可预知的顺序而习得的。在第二语言(外语)学习中,这一情况也是适用的。克拉申常引用的词素习得顺序如图 1-1 所示。

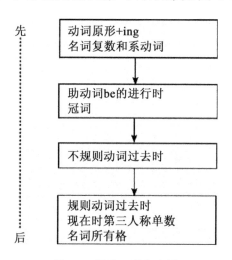

图 1-1　词素习得顺序图

(资料来源:何广铿,2011)

由图1-1可知,在把英语作为第二语言学习的过程中,儿童与成年人对进行时的掌握通常都比对过去时的掌握要早,对名词复数的掌握要比对名词所有格的掌握要早。

但是,在克拉申看来,人们在制订教学大纲时无须将自然顺序假说作为依据。实际上,如果外语教学的目的是使学生习得某种语言能力,那么教学的实施可不必依据任何语法顺序来进行。

3. 监控假说

克拉申的监控假说将"习得"与"学得"在二语能力发展中的作用区分开来。前者用于语言输出,培养学习者的语感,在交际中说出流利的语言;后者用于语言监控,即监控学习者的语言输出过程,以检测在交际中学习者是否运用了准确的语言。

克拉申还指出,学得的监控作用有限,其监控受以下条件的限制。

(1)具备足够多的时间。

(2)对语言形式而不是语言意义进行关注。

(3)对语言规则有大致的了解。

基于这些条件,克拉申根据监控力度的不同将学习者分为三种类型:一是监控过度的学习者;二是监控不足的学习者;三是监控合理的学习者。

4. 输入假说

克拉申指出,学习者要想获得"可理解性输入",其输入不能太难,也不能太简单。可理解性输入的公式为:$i+1$。其中,i代表学习者现有的语言能力,1代表略高于现有语言能力的信息。

输入假说的内容主要包括以下几点。

(1)与习得有关,与学得无关。

(2)学习者要习得第二语言,必须先掌握略高于现有语言水平的语言规则。

(3)当进行理解输入时,i+1模式会自动包含在内。

(4)语言能力是自然形成的,并非通过教育所得。

5. 情感过滤假说

克拉申的情感过滤假说是将情感因素纳入第二语言习得的过程中,他认为情感变量会对第二语言习得产生一定的影响,这些情感变量有学习动机、自尊心、自信心、焦虑感等。

语言监控理论的运行过程可总结为:习得与学得的语言知识共同构成了人们大脑中的语言知识系统。学得的语言知识在语言输入前和输出后发挥着监控功能。

(四)交际语言教学理论

交际语言教学理论是建立在海姆斯(Hymes)的交际能力理论与韩礼德(Halliday)的功能语言理论的基础上的。这一语言交际观将语言视为表达意义的体系,其观点主要涉及以下三个层面。

(1)人际功能和交际功能是语言的主要功能。

(2)语言的结构能够对语言的功能和交际用途进行反映。

(3)语言的主要单位不仅仅是结构和语法,还涉及交际范畴和功能。

外语教学既强调对语言知识进行学习,还强调对语言应用能力进行培养。除了强调语言结构要具有准确性外,还强调语言使用要具有恰当性。

以交际语言教学理论为导向的英语教学的特点是以学习者为中心,以培养学习者的交际能力为目标,注重通过语言交际的实践活动来提升学习者的语言技能。交际法认为意义是非常重要的,认为教学活动应该围绕交际功能来展开,尤为注重师生间、学生间的互动关系,提倡教师应该设计角色扮演、游戏、小组活动等任务型学习活动来帮助学习者在有意义的情境中运用语言。可以说,交际法强调语言材料的真实性,反对僵化的、脱离实际的语言。

三、建构主义学习理论

20世纪90年代,建构主义理论在美国兴起,它是多学科交叉发展的必然结果,具有体系复杂、流派众多等特点。

建构主义理论的目的不仅在于将人类认识的能动性揭示出来,还在于将人类认识对经验、环境等的作用揭示出来,并且强调认识会随着环境的改变而改变,这些对于教学而言有着十分重大的意义。因此,建构主义理论逐渐成为国内外深化教学改革的重要理论依据。

建构主义理论的演进非常复杂,其思想源于18世纪初意大利学者维柯(Vico)、哲学家康德(Kant)的理论,但是皮亚杰(Piaget)与维果斯基(Vygotsky)是建构主义理论的先驱。

(一)建构主义学习理论的基本观点

建构主义学习理论的基本观点包含以下几个。

(1)学习者的学习过程是在原有的认知结构与新接受的感觉信息相互作用的基础上,通过新旧知识经验间反复的相互作用,对外部信息主动加工和处理的过程。

(2)学习过程中的建构包含两个方面:一是运用已有经验进行新知识意义的建构;二是对原有经验的改造和重组。

(3)提倡合作式学习。因为每个个体意义建构的方式或角度都是独特的,只有彼此间相互合作才能弥补个人对知识理解的不足,减少理解的偏差。

建构主义学习环境的四要素包括情境、协作、会话和意义建构。

(1)情境是学习者进行学习活动的社会文化环境。

(2)协作是学习者与学习者之间、学习者与教师之间或学习者与网络交流者之间进行合作学习。

(3)会话是在协作过程中,通过多种方式的信息交流,实现信息共享。

(4)意义建构是学习过程的最终目标。

(二)建构主义学习理论的指导意义

建构主义学习理论对大学英语教学有着重要的指导意义,具体表现为如下三点。

(1)强调学习者之间的交流与合作,主张学习者在互动时应该主动学习目的语。从这一意义上说,互动是语言运用的前提与基础。

(2)强调语言学习与学习者的社会经历之间有密切的关系,认为将二者结合有助于推动学习者更好地掌握英语这门语言。

(3)主张学习者与教师之间展开互动,强调教材对学习者的意义。这在一定程度上改变了教材的编写形式,也转变了教师在课堂上的角色,并对教学设计提出了更高层次的要求。

建构主义学习理论指导下的教学设计除了将教学目的涵盖在内,还需要将学习者建构意义时的情境也考虑进去。也就是说,教师需要将创设情境视为教学的一项内容。

四、人本主义学习理论

人本主义心理学是在批判行为主义心理学和精神分析心理学的基础上发展起来的,被称作心理学的"第三种势力"。它兴起于20世纪60年代,代表人物有美国心理学家马斯洛(A. H. Maslow)和罗杰斯(C. R. Rogers)。

(一)人本主义学习理论的基本观点

人本主义注重人的独特性、自由、理性、发展潜能,认为人的行为主要受自我意识的支配,要想充分了解人的行为,就必须考虑到每个人都有一种指向个人成长的基本需要。

1. 需要层次理论

马斯洛提出的需要层次理论是动机理论的核心。他认为,人类行为的驱动力是人的一种需要。

马斯洛将人的需要分为生理需要、安全需要、归属与爱的需要、尊重的需要和自我实现的需要。这些需要之间存在一种由低到高的等级递进关系,只有低级的需要被满足后,才能进一步满足更高级的需要,其中生理需要是最基本、最低级的需要。自我实现是指人天生具有一种潜能,只有充分发挥自己的潜能,最大限度地发展自我,才能获得持续的满足感。

这些需要可以归纳为以下两类。

第一类是缺失需要,为人与动物所共有,包括生理需要、安全需要、归属与爱的需要。

第二类是生长需要,为人类所特有,包括尊重的需要和自我实现的需要。

只有满足了第二类需要,个体才能进入心理的自由状态,体现人的价值,产生深刻的幸福感。

在英语学习中,学生是否能达到教师所要求的水平并不重要,重要的是他们思考着、创造着并且积极地体验着学习活动的全过程。只要满足了自我实现的需要,学习自然就成为他们生活当中必需的活动之一。

人本主义学习理论认为人的成长和学习动力主要来自自我实现的需要,这种满足感使学生产生学习的动力,而不断学习又能使他们获得更大的满足感,学习就是在这样的循环中不断进行的。

2. 非指导性教学理论

罗杰斯将心理咨询的方法移植到教学中,提出了非指导性教学理论。他认为,教学活动应把学生放在中心位置,把学生的"自我"看成教学的根本要求,所有的教学活动都要服从"自我"的需要。"非指导性教学"的基本取向是促进个体的"自我实现",而自我实现需要进行"意义学习"。所谓"意义学习",就是使个体的行为、态度、个性等发生重大变化的学习,这种学习在于充分挖掘个体与生俱来的学习潜能,使以情感为中心的右脑得到充分发展,从而培养出"完整的人",即认知与情感协同发展的人。意义学习的动力来源于学生自身内部,并渗透于整个学习过程,学生要通过自我反省、自我体验和自我评价,在相互理解、支持的融洽的学习氛围中认识自我、展示自我和实现自我。

罗杰斯将教师定位于"促进者"的角色,这体现在以下几个方面:一是帮助学生引出并澄清问题;二是帮助学生组织材料,为其提供更广泛的学习活动;三是作为一种灵活的资源为学生服务;四是作为小组成员而参与活动;五是主动与小组成员分享他们自己的感受。

(二)人本主义学习理论的指导意义

大学英语教学本身具有特殊性,因此在大学英语教学的过程中,教师要始终以学习者为中心,贯彻人本主义思想。正如罗杰斯所说,促进学习者学习的关键并不在于教师的专业知识、教学技巧、演示与讲解、课程计划、视听辅导教材等,而在于特定的心理气氛因素,其存在于教师与学习者之间。

在教学过程中,教师个人的感召力、性格、素质等都会对教学产生一定影响,而这些往往在设备和技术上不会体现出来。这就要求教师在利用计算机的基础上发挥个人的潜力和优势,不断提升自己的知识水平和个人素质,不能仅仅满足于对计算机的熟练操作,还要努力通过网络与学生建立有效联系,这样才能使自己不成为网络的奴隶。

此外,基于人本主义学习理论,教师应该关注意义学习与过程学习的结合,既让学生在做中学习,也让学生学会如何学习,这有利于学生在学习过程中处理好学与做的关系以及与教师的关系,让学生的学习更为有趣。

五、行为主义学习理论

行为主义学习理论源自著名生理学家巴甫洛夫(Ivan Pavlov)的"条件反射"这一概念。受巴甫洛夫的影响,很多学者对行为主义理论展开分析和探讨。行为主义学习理论的观点对语言教学提供了重要的指导。

(一)行为主义学习理论的基本观点

美国著名的心理学家华生(John Broadus Watson)创立了行为主义学习理论。20世纪初期,他提出采用客观手段对那些可以直接观察到的行为进行研究与分析。在华生看来,人与动物是一样的,任何复杂的行为都会受外界因素的影响与制约,并往往需要通过学习才能获得某一行为,当然在这之中,一个共同的因素——刺激与反应是必然存在的。基于此,华生提出了"刺激—反应"理论,这一著名的行为主义心理学公式可以表示如下。

S—R,即 Stimulus—Response

美国学者斯金纳(Skinner)在华生行为主义学习理论的基础上进行了深入的研究与探讨,并在他所著的《言语行为》(*Verbal Behavior*,1957)一书中提出了一个著名的观点:人的言语以及言语的每一部分都是由于刺激的存在而产生的,是一种操作性的行为系统,且这一行为系统通过强化获得。

在斯金纳看来,人们的言语及言语中的内容往往会受到某些刺激,这些刺激可能来自内部,也可能来自外部。通过重复不断的刺激,会使效果得到加强,使人们学会合理利用语言相对应的形式。在这之中,"重复"是不可忽视的。斯金纳的行为主义学习模式可以总结为图 1-2。

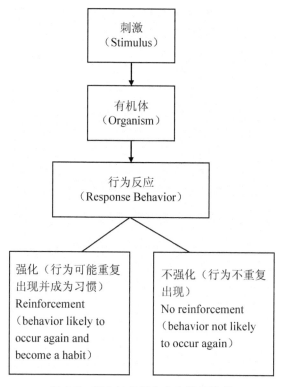

图 1-2 斯金纳的行为主义学习模式

(资料来源:何广铿,2011)

行为主义学习理论在美国占据了较长的时间,其对于当前的教学也起着重要作用。例如,在行为主义学习理论的指导下,学习者为了获得表扬,往往会继续某种行为;学习者为了避免惩罚,往往会终止某种行为,这些都是行为主义学习理论在学习中的典型表现。

(二)行为主义学习理论的指导意义

对于大学英语教学而言,行为主义学习理论有着重要的指导意义。具体而言,主要体现在如下几点。

(1)即时反应。反应必须要出现在刺激之后,如果两者相隔时间太长,那么反应就会被淡化。

(2)重视重复。重复练习能够进一步加强学习者的学习和记忆,使行为发生比较持久的变化。

(3)注意反馈。教师应该及时给出反馈,让学习者清楚知道反应是否正确。

(4)逐步减少提示。在减少学习者学习条件的情况下,教师应该让学习者的反应向期望的程度发展,从而引导学习者顺利完成既定任务。

总之,行为主义学习理论促进了视听教学、程序教学及早期CAI(计算机辅助教学)的发展。但是,行为主义学习理论也存在一些缺点和不足:它是对人类学习的内在心理机制的完全否定,将动物实验的结果直接生搬硬套到人类学习上,忽视了人类的主观能动作用,从而走向了环境决定论和机械主义的错误方向。

六、错误分析理论

语言学家科德(P. Corder)、理查兹(J. Richards)等对母语学习背景不同的学习者在外语学习过程中的错误做了仔细的研究和分析,认为很多错误源于对目的语的理解和消化不够全面。同时,他们指出外语学习的漫长过程是把目的语的规则内化的过程,这一过程又要经历很多阶段。学习者在学习过程中会使用一种既不是母语的翻译,又不是将来要学好的目的语,且具有系统性的过渡性语言进行交际。它介于母语和目的语之间,可称为"中继语"。中继语的使用会导致错误的发生,科德把错误归纳为以下三种类型。

（一）形成系统前的语言错误

此类错误源于学习者有了某种交际意图,但又未掌握表达这种意图的方式,只能从已知的语言素材中去寻找一些手段以仓促对付。

（二）系统的语言错误

处于内化过程中的学习者经常会出现系统的语言错误,此时系统规则已基本形成,但学习者并没有完整、透彻地理解这些规则。例如,学习者知道在英语中过去动作应用过去时来表示,并知道动词的过去时可由动词加-ed构成,但不知道英语中有不少不规则动词存在,所以在交际中会使用诸如 comed,goed 等错误形式。

（三）形成系统后的语法错误

在学习者已经形成较完整的语法概念,但尚未养成习惯时,可能会出现形成系统后的语法错误。虽然学习者知道了英语过去时的所有形式,但是由于习惯还没有养成,因此还是会用 comed 来代替 came,用 goed 代替 went。

理查兹认为,学习者所犯的错误主要是由以下原因造成的。

(1)母语的干扰。

(2)教学不当或教材不当。

(3)学习过程中对一些规则的过度概括或应用不完全。

第二章　大学英语教学改革论述

近年来，我国的大学英语教学取得了较大成就，但也面临着很多挑战。当前，我国的大学英语教学主要存在学生的英语综合应用能力较低、对英语重视不够以及自主学习能力缺乏等问题。当今时代，在信息技术飞速发展的背景下，大学英语教学模式发生了巨大改变，特别是多媒体技术已经成了英语教学活动的一个必备手段。基于多媒体的大学英语教学不仅可以将单一静态的教学内容以多维的形式展现给学生，而且可以使原本抽象的语言知识更加具体。在这种背景下，大学英语教学工作已经无法仅依靠教师来完成，还需要对传统英语教学模式进行改革。本章就对大学英语教学改革的意义、历程及方向进行论述。

第一节　大学英语教学改革的意义

一、顺应了新形势下英语教学发展的要求

以学生为中心，充分发挥学生的主体地位，是新形势下英语教学的发展要求。英语教师应该将培养学生形成自主学习能力、学会终身学习作为一项重要任务。随着知识的不断更新和发展，学生需要掌握的知识也在迅速增加，所以仅仅学习教材上的知识已经无法满足其今后立足于社会的需求，这就要求学生应不断学习，形成终身学习的能力，进而充分利用所学知识解决生活中遇到的问题。

对于全人发展,大学英语教学最先定位在人的教育上,在具体的教学过程中,教师应培养学生的兴趣,帮助其掌握有效学习的策略,并养成良好的学习习惯。

要实现全人发展,教师不但要注重对学生的知识教育,还应强调对学生精神世界的建设。通常,学生具备社会责任感以及严谨的学习态度会对其今后的学习产生影响。全人发展特别强调要尊重学生的个性,每一位学生都有一定的个人潜能,教师应与学生多进行沟通,从学生角度得到改善英语教学现状的启发。和谐的课堂氛围是实现全人发展的基础,所以师生之间应该建立一种平等的关系,教师可以为学生多创造一些接触英语的机会,让他们在学习过程中体会成功带来的喜悦。

二、利于改变陈旧的英语教学模式

当前,我国的英语教学存在一个明显的问题,即以传授基础知识为主,很少组织交际活动。简单地说,英语教学模式陈旧仍然是我国英语教学面临的一个问题。对此,不少英语教学研究者概括和分析了陈旧教学模式的负面影响,如教学实际与教学目标背道而驰,教学材料和内容与当今社会发展的需要不适应,单一、陈旧的教学方式造成了机械、被动的学习等。

以教师为中心的教学模式是我国英语教学面临的一个严重问题,其会严重影响英语教学的效果和学生的学习积极性。在很长一段时间里,人们评价教师是否合格仅注重这样几点:教师是否认真备课,教师在课上讲解的内容是否丰富,教师在课上讲解知识点时是否有条理等。

在以教师为中心的课堂上,因为担心学生听不懂,所以教师会反复地举例说明,不停地讲解词汇和语法点,甚至一些教师为了让学生清楚、明白,不惜用整节课的时间逐词通篇地翻译一篇课文,完全忘了要为学生提供理解和消化的时间。同样,在这样的课堂上,学生为了能抓住教师讲解的每一条信息,也将注意力全都放在记笔记上,没有多余的思考和参与课堂活动的时间,总是被动地听。显然,在这种师生之间除了讲、听,没有思考和语言交际的课堂上,学生的学习效果一定不会很好。

总之,以教师为中心的陈旧、老套的教学模式大大限制了学生在课堂上应有的自由,从而阻碍了学生潜力的发挥。因此,大学英语教学模式的改革势在必行。

三、利于科学评价体系的形成

在传统的英语教学中,教学评价的方式十分单一,最常见的就是考试。这种评价方式的目的主要是测试与选拔,总是按成绩的高低将学生分为三六九等,所以对一些成绩不太好的学生带来了一定的伤害。对此,大学英语教学评价也要进行改革,如采用多元的评价方式。真正的教学评价的目的并非对学生进行分类,而是对教师的教学效果进行监测,对学生的学习情况进行观察,从而进一步改善教学方法和提高教学效率。

教师在教学改革背景下进行评价时要遵循三个原则:激励性原则、情感性原则和多元化原则,这三大原则有各自的优势。

其一,在评价过程中应遵循激励性原则。这一原则可以促进学生的全面发展,规避一些错误教学观念的引导。分数一直以来都是教师、家长乃至社会用于评价学生的一项重要指标,无形中给学生带来了巨大的压力,使学生陷入不良的境地。显然,在这样病态的环境下,学生很难看清自己的进步和不足。真正有效的评价应该是可以激励学生进步的,而不是一味地打击学生的学习积极性。学生只有清楚地看到自己的进与退,才能更好地改善自己,从而得到更好的发展。

其二,在教学评价中还应该遵循情感性原则。在进行教学评价时,对学生情感的关注可以从更深层面看到学生的学习潜力。

其三,多元化也是英语教学评价应遵循的一个原则。具体来说,实现英语教学评价的多元化体现在目标多元化、评价主体多元化、评价工具多元化等。以上几个多元化中最为重要的是评价主体的多元化。教师一直是传统教学评价中的一个主体,学生为评价对象。科学、全面的教学评价应该有教师、学生、家长的共同参与,让他们都能成为教学评价的主体。

第二节 大学英语教学改革的历程

一、英语课程设置的改革历程

(一)在学习的初始阶段,要特别注重学生的英语基础

1. 1966年以前的大学英语课程设置情况

公共英语是大学英语教学的前身。俄语是中华人民共和国成立后各大院校重点开展的课程,所以"高等俄文课"成了公共外语课的统称。1956年,公共英语课程才开始在我国各高校设置,应该说直到20世纪60年代之后,才有越来越多的学生将公共英语当成自己的选修课程。1962年,教育部颁布了《英语教学大纲(试行草案)》(以下简称《大纲》),其是专门针对工业学校本科五年制学生的教学大纲。此《大纲》的制定,主要是为了给学生在今后阅读本专业英语书刊打下英语基础。1966年至1977年,我国外语教学基本处在停滞状态。确切地说,在1978年之前,英语课程对于多数学生而言只是一门课程而已,其并没有得到较高的重视。

2. 1976年之后的大学英语课程设置情况

1976年以后,党中央召开了多次有关外语教育的工作会议和座谈会。比如,在1978年的一次外语教育座谈会上,廖承志提出了一个大、中、小学外语教育的一条龙计划,这一计划的主要目的是帮助学生打下扎实的英语语言基础。1979年,党中央特意印刷和发放了全国外语教育座谈会的纪要《加强外语教育的几点意见》(以下简称《意见》)。《意见》的第一条指出,必须加强中、小学的外语教育。《意见》强调,外语课是一门重要的基础课程,三五年内要在城市中学普遍开设,条件允许的话也应在小学开设。《意见》的第二条强调,应加强对大学英语教学的重视,增加英语课时。

(二)注重分类指导和分级教学

全国外语教育座谈会纪要指出,要加强中、小学的外语教育,应该将外语看成与语文、数学同等重要的基础课程。这一决议还将全国高考外语成绩以10%的比例计入高考总成绩,之后的三年分别提高到30%、50%和70%。1983年,高考外语成绩按100%计入总成绩。对中、小学外语教学的重视,大大提高了高中毕业生的外语水平。为了更好地适应新的教学形势,1982年国家教委组织召开了高等院校公共英语课教学经验交流大会,会议还建立了教学大纲修订组,并决定要重新调整《大纲》。这次会议也成了大学英语教学发展的第一个里程碑。因为大学理工科和文科的公共英语教学有很大差异,所以在制定教学大纲时要考虑文、理的区别。从1982年起,大纲修订组用两三年的时间制定了《大学英语教学大纲(理工科用)》《大学英语教学大纲(文理科用)》。可以说,这两部大纲是中华人民共和国成立以来最完善的公共英语教学大纲。

(三)统一英语教学大纲,统一英语考试

1994年7月和12月,原国家教委分别在黑龙江的大庆市和广西的桂林市召开了全国大学英语教学研讨会和全国大学英语教学上新台阶座谈会。会议首先对1985年和1986年颁布的教学大纲给予了肯定，然后就近十年的大学英语教学经验做了总结。此外，会议对21世纪的大学英语教学做了一定的规划。具体来说，会议对大学英语教学的规划包括如下几个方面。

其一，应该根据社会和经济的发展情况，修订教学大纲，合二为一，突出基础，强调对学生能力和素质的培养。

其二，要根据新的教学大纲，编写和修订一批英语教材，包括重点放在提高应用能力的基础教材和保证四年英语不断线的应用提高阶段的专业英语和高级英语教材。

其三，真正落实大学四年英语教学不断线，保证合理的教材、学时数、课时体系和教学方法，并组织大学英语毕业水平考试。

其四，以提高学生的英语能力为标准，分类要求，确保不同学校、不同层次的学生的英语水平都有所提升，应着重培养一批高级水平的学生，并能让这些学生的人数逐渐增加。

其五，对英语教育观念、教学思想、教学模式、教学方法、教学手段等进行重点改革，提高学生的英语能力。

其六，对语言学习规律进行科学性研究。

会议进一步推动了教学大纲修订活动。1999年，大纲修订小组重新推出了《大学英语教学大纲》（以下简称"新的《大纲》"）。新的《大纲》与前两次的教学大纲有很大区别，具体体现为如下几点。

其一，突出英语基础教学。新的《大纲》强调，大学英语教学应该以培养学生的听、说、读、写、译能力为目的，保证学生可以用英语进行交流。但是，大学英语教学更要为学生打下坚实的英语语言基础，让学生养成良好的学习习惯，提高文化素养，从而适应社会的发展。

其二，强调培养学生的阅读能力。新的《大纲》将大学英语教学要求分为两个层次:阅读,听、说、写、译。

其三,淡化语言交际能力。之前的《大纲》强调,英语教学的目的是培养学生以书面或口头的形式进行交际的能力。因此,大学英语教学既要注重语言知识的传授,又要引导学生运用语言知识与技能进行实践活动。但新的《大纲》指出,英语基础知识主要涉及英语语言知识和英语语言应用能力。之前的《大纲》注重提高学生的英语流利程度,而新的《大纲》指出,"既要强调掌握和应用语言知识的准确性,又要注意应用语言时的流利程度和得体性。"

其四,统一大纲,统一考试。新的《大纲》指出,大学英语教学取消文、理科之分,也不再仅针对重点大学展开,而是全国各类高校学生均可参加。新的《大纲》将公共英语四级定为全国各类高校学生都要达到的基本要求。

(四)听说领先,计算机教学

从2002年到现在,我国的大学英语课程设置的主要现状是:听说领先,计算机教学。这一时期发生了一次大学英语教学改革。与先前相比,这次教学改革在培养目标和教学内容上都发生了较大变化。

1. 培养目标的变化

教育部在2004年正式批准了《大学英语课程教学要求(试行稿)》(以下简称《课程要求》)。《课程要求》主要有如下两个特点。

(1)以大纲形式强调听说能力的培养。这一点主要体现在:大学英语教学要以培养学生的英语综合应用能力为目标,特别要培养学生的听说能力,使他们在今后的工作和社会交往中可以用英语有效地进行交流,同时增强其自主学习能力,提高综合文化素养,以适应我国社会发展和国际交流的需要。

(2)改变了传统的大学英语教学模式。《课程要求》指出,要充分利用现代信息技术,采用计算机与课堂相结合的英语教学模式,改进以教师讲授为主的单一教学模式。另外,各大高校应建立网络环境下的听说教学模式。

2. 教学内容的变化

这次改革刚启动时,教育部还制定了两个重要文件:《大学英语教学改革基本思路》(以下简称《思路》)和《大学英语教学改革工程草案》(以下简称《草案》),并在2002年的大学英语教学改革的座谈会上就文件进行了全面的探讨。由此次改革的细则可以看出,其目的不是提高学生的听说能力,而是培养学生运用英语进行学习和研究的能力,具体可以从如下改革细则中得到领悟:学生学习英语语言是为了交流,所以英语教学必须摆脱传统的知识型学习方式,而应该以技能型学习方式为重点,提高学生的英语应用能力,特别是口语听说能力,即提高学生用英语在本专业领域的口语和文字交流能力。

《思路》就改革问题做了两个举例:(1)在少数生源条件较好的学校,有两门(含)以上课程采用双语教学的专业,可以尝试进行取消大学英语基础课程、只开设专业英语和高级英语选修课的教学改革实验;(2)以提高学生交流能力为重点,进行听说领先教学改革实验,使学生不仅具有大学层次的英语阅读能力,还具有大学层次的英语表达能力。

《草案》就改革提出意见,即此次改革的目的是培养学生应对双语课程或全英语课程所需要的学术口语交流和学术书面交流的能力,甚至将其作为教学改革试点的首要任务,然而从实际改革的情况看,两个文件并未得到真正贯彻和实施。

二、英语师资建设的改革历程

(一)1978年之前

受社会环境的影响,我国在1978年之前的大学英语师资队伍建设并不理想。直到1979年,在北京第一次召开了外语教育座谈会,并提出了《意见》,该《意见》主要提出了两个问题:"一个是建国初期大力开展了俄语教育,忽视了英语和其他语种,导致外语教育片面发展;另一个是注意了专业外语教育,对高校公共外语教育和中、小学外语教育注意不够。"很显然,当时的外语教育政策对大学英语师资队伍的建设和发展产生了较大影响。1979年的《意见》第5点还特别指出"要大力抓好外语师资队伍的培养和提高"。此文件还指出,"目前高等学校外语教师队伍青黄不接,高水平的骨干教师后继乏人。"为了改变这一现状,教育部开始扩大高校外语专业的招生规模,以培养师资,开展多种形式的进修活动,所以从1979年到1981年,这三年每年聘请的外籍英语教师和国外华侨就大约有100名。

(二)20世纪八九十年代

直到20世纪八九十年代,师资队伍建设才在我国受到重视。对此,教育部特别制定了《1980年至1983年高校英语教师培训计划》。该计划提出,英语专业教师的培训工作由北京外国语学院和上海外国语学院等16所院校负责,公共英语教师的培训任务由清华大学、天津大学、上海交通大学等9所理工院校外语系担任。经统计,我国从1980年至1983年,9所理工院校的外语系总共为高校培训了2 100多名公共英语教师。可以估计,我国当时约有1/5的公共英语教师接受了培训。之后,我国教育部一直坚持着这项工作,一些高校还专门设立了公共英语教师培训中心。

1984年,英语专业学生的扩招再次加重了广大英语教师的负担,造成学生基数大、教师数量严重不足的问题。20世纪80年代之后,广大英语教师的能力特别是听说水平得到显著提升。大学英语教师通过参与培训,一方面提高了英语听、说、读、写的基本技能,另一方面学习了英语测试、二语习得、心理语言学、社会语言学、外语教学法等理论。

(三)进入21世纪以来

1999年之后,我国的大学英语师资建设遇到了一个新的问题。从1999年起,全国各高校纷纷进行扩招,学生的增加使得教师数量更加紧张。为了解决这一难题,一些高校立即采取相应对策,如加强师资队伍建设,尤其是要增加大学英语教师队伍的建设,然而在很长一段时间里,我国大学英语教师队伍仍没有得到明显壮大,并且整体的素质也不高。于是,教育部在2007年修订的《大学英语课程教学要求》中指出,"健全教师培训体制。教师素质是提高教学质量的关键,也是大学英语课程建设与发展的关键。学校应建设年龄、学历和职称结构合理的师资队伍,加强对教师的培训和培养工作,鼓励教师围绕教学质量的提高积极开展教学研究,创造条件因地制宜地开展多种形式的教研活动,促进教师在教学研究工作中进行富有成效的合作,使他们尽快适应新的教学模式,同时要合理安排教师进行学术休假和进修,以促进他们学术水平的不断提高和教学方法的不断改进。"尽管《大学英语课程教学要求》明确指出应对大学英语教师进行培养和培训,但一些英语教师的日常工作过于繁忙,没有时间进行培训。而大学英语教学改革的推进使得各高校再次积极地进行教师培训,开展师资建设工作。2006年,教育部高等教育司发布了《关于开展大学英语教学改革巡讲活动的通知》,目的是加强师资队伍建设,推广基于计算机和网络的大学英语教学新模式,提高大学英语教师的教学水平。2006年,教育部高等教育司进行三批巡讲,对全国27个城市多所高校的10 000多名大学英语教师开展了培训。在这次大范围的巡讲中,很多教师也开始重视培训,这在一定程度上推进了大学英语教学的全面改革。

第三节 大学英语教学改革的方向

一、整合化

(一)科际整合

应用语言学是一门跨学科的综合性学科,而英语教学是应用语言学研究的一个重要内容。因此,英语教学往往也与语言学、教育学、社会语言学、心理语言学、脑科学以及其他相关学科有着密切联系。对此,大学英语教学改革的一个重要方向就得到了呈现,即将英语教学与这些学科进行整合。

1. 英语教学与教育学

教育学理论对于任何学科的教学都有重要意义,所以也应该将其应用到英语教学中。当然,英语教学与其他学科的学习也有着密切关系。在很长一段时间里,人们过于注重英语教学的特殊性,却忽视了教育学的普遍规律对英语教学的指导意义。

2. 英语教学与语言学

语言学也与英语教学有着密切关系。因为语言学是对语言的科学研究,所以其内容主要涉及语言的本质、构成、意义以及如何使用。语言学的分支主要包括语音学、音系学、词汇学、句法学和语义学等。

掌握一定的语言学理论可以使英语学习者对英语语言有一个全面、科学、正确的认识，从而形成正确的语言观。可以说，英语学习者的语言观对于英语学习起着决定性的作用。对此，桂诗春教授曾对三种不同的语言观及其对外语教学的作用做了研究。

第一种观点是将语言看成一种技能。语言既然是一种技能，也就要有训练这项技能的方法。例如，将外语学习的目标定为培养语言习惯，达到"自动化"的程度。因此，在英语教学中，教师的任务是组织好英语语言的训练，而学生的任务则是积极地参加训练。

第二种观点是将语言看成一门知识。既然语言是一门知识，就要有学习语言这门知识的方法。例如，为了认识某事物的内在联系和规律，人们就要领会和理解它。因此，学生在课堂上应该专心听讲，认真记笔记，课后也不忘复习笔记。

第三种观点是将语言看成一种社会规约。语言是为了适应社会中各个成员的生活需要而产生和发展的。词怎样通过声音表达意义，句子如何通过语法规则表达概念，都是约定俗成的。因此，学习英语就要多接触英语语言，观察和领悟英语的母语使用者，注重语言的使用，懂得在不同的场合要使用不同的语体。

3. 英语教学与社会语言学

社会语言学主要研究语言与社会之间的关系，它会从不同的社会科学的角度考察语言，进而研究语言在不同社会条件下产生的语言变异。社会语言学对英语教学有重要意义。在英语教学中，诸多方面都要借鉴和吸收社会语言学的研究成果，如英语教学目标的设定、英语教学大纲的制定以及英语教学内容和教学方法的选择等。

这些学科的研究都可以用于研究英语教学的理论和方法。

当然，与英语教学相关的学科还有很多，如计算机科学、认知科学、教学技术等。要建立一个适合我国学生的英语教学理论体系，就应该对一些相关的学科进行研究，并将其融入英语教学之中。

（二）人才资源整合

人才资源的整合主要涉及两个内容：其一是英语教学界从事不同阶段英语教学的人员之间的融合，其二是英语教学与科研人员和其他相关领域的教学与研究人员的融合。

英语教学理论与方法的整合应该是多学科的融合，假如仅靠英语教学与科研人员，这种融合就是不全面的。因此，这就需要从事相关学科的科研人员积极参与进来，彼此之间要积极配合。对此，各大高校可以专门请一些从事相关学科的科研人员就研究成果进行探讨，并由他们从自己所从事学科的角度提出意见。此外，从事不同学科工作的人员可以相互合作、共同研究一个课题。

（三）工具资源整合

只要有工具价值的应用软件，都可以成为教学整合的资源。可见，与科际整合和人才资源整合相比，工具资源整合更为单纯。根据教学环节的需要，工具资源整合的对象可以分为三类。

(1)教学准备型软件。这种软件可以帮助教师在教学准备阶段提供给学生多媒体材料，如 Word、PowerPoint、Flash、Photo Editor、Dreamweaver、CD Wave Editor 等。

(2)教学演示型软件。这种软件与教学准备型软件有重叠，但相对单纯，因为一般的制作软件都有演示功能，并且不同软件的制作成果可以用单一的软件进行演示。

(3)教学评价与管理软件。例如，各种统计软件、电子表格、考试系统等。

二、个性化

个性化教学就是根据不同个体的个性特点，使用不同的教学方法和途径以达到预期的培养目标。在个性化教学中，教师可以运用多种教学组织形式，如个别教学、小组教学、班级教学等，或者多种教学形式穿插使用，具体可以根据教学需求灵活运用。

需要指出的是，个性化教学不是全盘否定传统教学，也不是教师能随意授课，它仍然要求教师以教学目标为指导，以学生为教学重心，遵循英语教学规律，由浅入深、循序渐进地开展教学。

此外，个性化教学不是特殊的教学手段，它与普通教学在教学手段和教学条件等方面大致相同。在个性化教学的实践中，仍然需要以教材为依托、以课堂为平台，这种教学方式可以为教师和学生提供更大的个性展示空间。

新的教学目标、新的教学理念和教育技术的不断发展，促使着现代英语教学采用和实施个性化教学，这也是大学英语教学改革的发展方向。在英语教学中，教师如果能充分考虑学生之间的差异，考虑学生的个性，采用个性化教学，那么将利于提高教师英语教学的效果，并且利于素质教育和学生个性化的发展。

三、现代化

现代社会要求人们要有现代化的思想观念、思维方式和行为方式，如要有开放性、创造性、进取心和开拓精神等。因此，大学英语教学也将培养具有现代意识、现代观念和现代行为方式的人作为目标。现代英语教师要满足社会发展的要求，坚持现代化取向。英语现代化的核心内容就是人的现代化。人的现代化应该体现在四个方面:求变化、尊重知识、有自信和开放性。因为英语教学是一种以语言为媒介的教学实践活动,所以它需要教师、学生都要有现代化的思想观念和行为方式。因此,现代化也是英语教学改革的一个方向。

第三章　大学英语教学的手段与模式改革

随着现代化信息技术的迅猛发展,多媒体和计算机网络等教学手段的重要性也日益突出。此外,随着大学英语教育的不断发展,教学模式随之发展和革新,比较突出的代表有翻转课堂教学模式、体验式教学模式、交际教学模式、微课教学模式等。本章就对大学英语教学手段和模式改革进行详细探究。

第一节　大学英语教学手段改革

一、充分利用多媒体手段

（一）多媒体应用于大学英语教学的优势

1. 增加课堂信息量

传统的英语教学其主要载体就是教材,即课本,但毕竟课本上的内容是有限的,运用多媒体展开大学英语教学能够在此基础上提供更多方面的内容,让学生能够从文本、图像、声音、影像等层面进行英语学习,从而大大丰富学生的知识量。

此外,在传统英语教学中,教师讲解的内容大多都基于教材,因此教师授课的信息量非常少,运用多媒体则能将各种内容、手段集合为一体,将更多的信息生动、快速地展现在学生的面前,大大增加课堂信息量。

2. 有效激发学生学习兴趣

传统的英语教学大多都是按照教师讲、学生听的模式进行，教学方法比较单一，因此很难激发学生对英语学习的兴趣。多媒体将文本、图形、音频、视频等融入英语教学之中，这种方式从根本上缓解了传统教学的单一性和枯燥性，更加充满动态色彩，可以充分激发学生学习的兴趣，从而调动学生的学习积极性。

3. 打破时空限制

在传统的英语教学中，由于教室空间有限，可容纳的学生量也十分有限，一般只能容纳几十个学生，且学生之间存在差异，这使教师无法很好地因材施教，教学效果也不尽如人意。运用多媒体展开大学英语教学则打破了时空限制，学生除了可以在课堂上进行语言学习，还可以在任何时间、任何地点学习教师的多媒体课件，具有自由性和灵活性。

(二)多媒体应用于大学英语教学的模式

1. 集体教学模式

集体教学模式是一种以传统班级教学制度为基础，受多媒体技术影响而形成的教学模式。集体教学模式需要教师和学生之间的相互配合，其以教师作为媒介，教师在课堂上以讲解、演示等形式向学生传授知识，一般在教室或者实验室进行。在集体教学模式中，教师一般会选用单个或者组合媒体材料，如幻灯片、录像、影碟等。这种授课演示也可以没有教师的参与，而是完全通过上述媒体材料实现。这种教学模式效率比较高，能够有效地利用一切媒体资源，从而提高教学的效果。

2. 个别化教学模式

个别化教学模式更加关注学生,是一种尽力适应每位学生需求的教学模式。多媒体教学要从每位学生的需求和特点出发,为每位学生量身定制一套适合自己的学习方法,以便他们顺利完成学习任务,这也体现了多媒体教学的独特优势。

需要注意的是,不是所有的教学内容都适合个别化教学模式。通常来说,与该模式相适应的学习内容有:与事实相关的信息、一般具体概念和原理的掌握、基本技能的培养、某些动作技能的发展等。采用个别化教学模式,教师要为学生提供充足的资料与寻找资料的途径、解决学生遇到的实际问题、引导学生制订自学的程序及步骤等。

3. 自主分层教学模式

自主分层教学模式主要是基于学生之间的客观差异产生的。在这种教学模式下,教师可根据不同层次学生的学习需求设计不同的教学内容。学生也要在教师的指导下根据自己的实际情况,选择相应的层次,对号入座,从而实现分层的自主性。在多媒体的支持下,自主分层教学模式的施行有了更多的可能性,也较好地避免了分层可能对学生自尊心造成的伤害。

以新课为例,采用自主分层教学模式的操作步骤主要包括以下几个。

(1)教师指导学生在局域网环境下复习与新课相关联的旧知识,并通过多媒体课件激发学生学习新课的兴趣,然后引入新课。引入新课时,教师要做课文背景介绍、教读单词。

(2)学生在教师的指导下阅读课文,并通过教学情境和阅读了解生词的含义和应用。需要注意的是,教师要特别关注英语层次较低的学生的听说水平,及时对他们进行适当的指导。

(3)教师介绍新的语法知识,并组织学生开展对话练习。教师首先要求同层次的学生之间进行对话练习,然后再让不同层次的学生之间进行对话练习。

(4)教师根据学习要求将单词和语法应用等通过多媒体设备提供给大家,学生可直接对话或通过机器对话交流。

(5)在上述几步的基础上,教师要组织学生进行巩固练习活动。练习题目应该根据英语水平划分为三个层次:层次较低的A层重在强化基础,达到课程目标要求;层次居中的B层要在重基础的同时,兼顾能力的提高;层次较高的C层则主要突出能力要求。

二、充分利用计算机网络手段

(一)计算机网络应用于大学英语教学的优势

1. 灵活运用时间和空间

这是运用网络展开大学英语教学的最大亮点,它突破了传统教学中时间、地点以及人数的限制,无论你身处于何方,都可以参与学习。这不仅给学生带来了最大限度的灵活性,还使学生学习的成本明显降低,大大提高了学生的学习效率。

2. 打破传统课堂的局限

传统英语课堂是教师—教材—学生的线性模式,在这种模式下,教师是课堂的主体,而学生处于被动接受知识的地位,这就导致学生无法发挥主观能动性,也不利于素质教育所要求的学生创造力的培养。而网络教学从一定程度上打破了这一局面,从而形成了由教师、学生、网络构成的教学模式,将教师从课堂的主体变成了课堂的指导者,学习资源的渠道也从单一的教材变成丰富多彩的网络资源。

(二)计算机网络应用于大学英语教学的模式

运用网络展开大学英语教学的模式包括网络集体传递模式、网络协作探究模式、网络自主接受模式、网络自主探究模式等,这里主要介绍前两种。

1. 网络集体传递模式

网络集体传递模式是由学生群体、学习资源和教学指导者构成的。该模式主要涉及两种教学过程。

(1)自学结合集体指导型,也就是学生自己选择时间学习教师布置的以图文声像等呈现的多媒体课件,然后教师选定某个时间在网络教学系统内为学习者提供集体指导、讲解和答疑。

(2)完全虚拟的网络课堂,即教师和学生在某个特定时间进入特定的网络"班级",通过对新课程内容的讲解、练习的组织、学生提问的解答,给予学生一些必要的指导。

2. 网络协作探究模式

网络协作探究模式是由学生小组、项目或任务、参考资源和教学指导者构成的。其中,项目或任务是该模式的核心要素,它主张让学生运用目标语来协作完成比较复杂的项目或任务,目的不仅是用来提高学生的语言综合能力,更重要的是提高团队协作能力。项目或任务是社会中常见的现象,与社会生活和工作有着密不可分的关系。教师在项目或任务完成时会给予一定的指导和帮助,而学生主要负责对小组进行分工、制订计划、完成计划等。在整个任务过程中,他们使用的是以目标语为主的参考资源,通过上交自己的作品和总结发言来呈现目标语。

第二节　大学英语教学模式改革

一、翻转课堂教学模式

(一)翻转课堂教学模式应用的理论基础

1. 建构主义理论

翻转课堂教学模式在我国的应用还处在初期阶段。信息技术的迅速发展对我国的教育领域产生了推动作用,大学英语教学中应用翻转课堂教学模式也屡见不鲜。翻转课堂教学模式是在相应理论的基础上,和素质教育发展的要求相契合,其中的建构主义学习理论就是翻转课堂教学模式的基础理论内容。建构主义学习理论认为,知识是学习者基于相应的社会背景,在他人帮助下通过相应的学习资源的应用来建构的,不是通过教师传授所得。这一理论内容将学习者作为中心,教师在学生的学习中主要起到辅助指导的作用,学生在这一过程中主动建构知识。学生在实际学习过程中没有统一标准,可通过自身的方式理解建构事物,从不同角度认识世界,因此在大学英语教学中应用翻转课堂教学模式是非常重要的。

2. 掌握学习理论

大学英语教学中应用翻转课堂教学模式是在掌握学习理论的基础上实施的。这一理论是由美国教育心理学家提出的,学校课堂学习理论就是掌握学习理论,其认为只要能够有充分的时间,学生都能够达到知识内容掌握的程度,这与学生学习花费的时间长短有着紧密联系,与学生学习能力没有关系。掌握学习理论在翻转课堂教学模式的应用中发挥着指导作用。通过掌握学习理论的应用,学生能结合自身的学习节奏,通过对教学视频的应用,结合自身的学习情况来安排时间,这样就能实现个性化的学习目标,从而提高自身的学习质量。

3. 认知结构学习理论

在翻转课堂教学模式应用的理论基础中,认知结构学习理论也是比较重要的。这一理论认为,学习是学习事物如何相互关联的,在具体的教学过程中,就要能够让学生对学科的基本结构有明确的认识。这一理论比较强调发现学习,让学生主动发现活动获得知识以及态度的学习。在大学英语教学对翻转课堂教学模式的应用中,教师提供视频就是创设情境,学生在课下自主学习就是发现学习的重点与难点,然后在课堂上提出具体化的内容,最后得出结论,这对学生内在学习动机的激发有很大作用。

(二)大学英语教学中翻转课堂教学模式应用的意义

(1)以人为本教学改革价值的体现。要提高大学英语教学质量,就要注重应用新的教学模式,翻转课堂教学模式在大学英语教学中的科学应用有着诸多价值。通过翻转课堂教学模式的应用,能够呈现教学改革中人本主义的理念,呈现教学内容的创新性与鲜活性,倡导学生自主学习与探究合作学习,从而鲜明呈现教学改革的价值。在翻转课堂教学模式的应用中,学生是学习的主体,通过网络的应用能够自主完成知识学习,在课堂中就能完成作业,课堂上师生之间的交流沟通得到加强,学生也不再单纯依靠教师,教师主要是起到指导的作用,这对学生的主体性的体现与学生自主学习能力的培养发挥着重要作用,也呈现了以人为本的改革理念。

(2)改革目标突出的价值体现。大学英语教学中的翻转课堂教学模式的应用是对信息技术的应用,这对学生信息技术素质的提高有着积极价值。学生在课堂外通过信息技术的应用,或者是通过网络下载观看教师制作的教学视频,解决教师视频当中提出的问题,这样在新技术的应用下,学生能通过网络进行师生的交流,或者是通过聊天群的方式进行沟通互动,这样有助于提高自身的信息技术素养水平。通过翻转课堂教学模式的应用,也能够突出课程改革的目标,对学生的技能进行培养,让学生的自主学习能力与探究能力都能得到显著提高,并且有助于学生间以及师生间的互动,让学生通过网络交流工具的应用来解决实际的学习问题。

(3)优化教师教学知识结构价值的体现。在课程改革背景下,翻转课堂教学模式的应用是新鲜的教学应用模式,其中对信息技术的应用对当前大学英语教师来说也是一个挑战,教师必须能够熟练地掌握信息技术,如视频制作技术等,采用新的教学模式应对教育改革发展的要求。在翻转课堂教学模式的应用中,教学资源主要以网络资源为主,让学生对学习内容进行积极的探究。教师在这一过程中要清楚视频制作的思路和保障视频质量,在内容的安排上能够突出重点并有层次性,这对教师自身的能力提高也有着促进作用,有助于教师教学知识结构的优化。

(三)大学英语教学中翻转课堂教学模式应用的优势

大学英语教学中翻转课堂教学模式的广泛应用具有突出优势,主要体现在能激发学生的学习积极性和学习兴趣上。当前的大学生对计算机技术与网络技术都比较感兴趣,而翻转课堂教学模式也是和计算机网络技术等进行结合的,这是以学生的兴趣为基础进行应用的新型教学模式,能有效满足学生学习的需求,促进学生主动参与到英语教学中,激发学生的英语学习兴趣。另外,在翻转课堂教学模式的实际应用过程中,其优势还体现在能够打破时间、空间的局限,学生在这一教学模式的应用下能自主地安排学习时间,不受时间、空间的限制,这对提高学生的学习质量和效率有着积极作用。在大学英语教学过程中,翻转课堂教学模式的应用还体现在能为学生提供丰富的学习资源,让学生大大增加学习英语知识的选择空间。这对学生英语学习效率的提高发挥着重要作用。

(四)大学英语教学中翻转课堂教学模式应用的流程

1. 视频的制作

在大学英语教学过程中应用翻转课堂教学模式要注重遵循流程,按照科学的流程才能充分发挥翻转课堂教学模式应用的作用。首先要注重教学视频的制作,这是对翻转课堂教学模式应用的首要阶段。在视频的录制与创作过程中,教师要注重对英语教学单元的内容与重点有详细的了解和明确,视频的制作要注重突出趣味性,并要注重对学生的个体化差异有充分的重视,保障视频的制作内容能和学生的认知能力相契合,这样才能让学生轻松地明确视频内容。

2. 课堂活动的组织

在翻转课堂教学模式的实际应用过程中,组织课堂活动是比较关键的一部分。教师在这一过程中,要注重充分结合学生看视频的反应以及对作业的完成度等方面,提出普遍的问题让学生进行讨论,或者是在教师的引导下开展活动,让学生以小组的方式进行合作和讨论,教师及时解答学生的疑问,通过小组合作的方式有助于提升学生的学习积极性与培养团队精神。讨论结果可通过演讲模拟、读书报告等方式进行呈现,最终教师对学生的汇报、评价结果等进行总结。

3. 教学评价

翻转课堂教学模式的最后阶段就是实施教学评价，评价的方式有所不同，从课前通过观看教学视频进行在线学习过程评估以及在课堂环节的效果评估等都能得到良好的效果。通过在线学习平台的应用，对学生网络通信环境的学习任务完成度进行测评，对学生的自学情况进行了解；而课堂的评价要注重对学生的课堂表现及课堂学习情况展开评价，这样的多元化评价方式，才能体现教学评价的客观性，这对教学方案的优化以及对学生针对性的教学有着重要作用。

(五)大学英语教学中翻转课堂教学模式应用的方法

1. 加强翻转课堂教学模式应用方案科学制订

要想充分发挥翻转课堂教学模式的作用，就要和大学英语教学现状紧密结合起来。教师在对翻转课堂教学模式的应用中，要能够和教学大纲紧密结合，制订科学的教学计划，突出英语教学中的重点与难点，通过视频的方式在教学前安排学习任务，让学生通过观看视频的方式及时了解英语教学的内容，对英语学习重点和难点实施标记，在课堂上进行突破。观看视频的方式更加直观，对学生主动参与到英语课堂学习中有着积极作用。例如，在英语教学过程中，对英语四级词汇的汇总过程可通过应用翻转课堂教学模式，把英语词汇以故事编改方式呈现出来，只要学生能对故事情节发展、发生和结尾进行记忆，就能促进学生对英语词汇的记忆；或者是以动画的方式向学生进行展示，这对提升学生学习英语的兴趣有着积极作用。

2. 加强视频制作的质量和资源科学选择

要想充分发挥翻转课堂教学模式的应用作用，还要注重对视频制作质量的有效控制。教师要能从观念上、技术上做好准备,做好教学资料的收集、微课的拍摄和制作以及微课视频上传等诸多工作,在每个环节都要充分注重质量的控制,保障微课视频的整体质量。微课视频的制作要加强知识的融入,将视频框架和教学内容有机结合,让学生能够不知不觉地吸收英语知识,这就需要在视频的实际制作过程中注重合理编排。此外,要注意对教学资源的优化选择,要结合学生的学习需求,选择精华的资源进行呈现,让学生在最短时间内学到更多的知识。

3. 注重教学评价的科学合理性

教学评价是翻转课堂教学模式应用的最后环节,也是比较关键的环节,其要求加强师生之间的交流沟通,注重对学生的学习动态的掌握,对学生进行科学有效的指导,通过微信以及QQ群等,将学生组织起来,对英语学习的内容进行讨论。在评价的优化上,要注重学生学习过程的情感与态度表现,让学生能够有正确的学习方法,及时地对学生加以指导和激励,让学生在学习英语的过程中树立起自信。

4. 注重课堂中组织活动的质量控制

在翻转课堂教学模式的实际应用过程中,要注重课堂活动的应用,让学生通过预习了解学习的难点后,通过小组讨论、辩论和角色扮演等方式进行互动。例如,学习 *Giving Thanks* 这一单元内容的时候,就可通过小组做 oral presentation,对文化背景知识进行介绍,让学生自述课文内容,对课文主旨大意进行概括,然后通过小组活动让学生讨论"Who should I thank?""For what should I thank him/her/them?"相关的话题,教师在这一过程中进行相应指导,促进学生的学习。只有每个环节都得到了加强,才能真正有助于充分发挥翻转课堂教学模式的应用作用。

综上所述,大学英语教学过程中对翻转课堂教学模式的应用,能有效提高大学英语教学的质量,这就要求在每个环节都要注重质量的控制,做好翻转课堂教学模式应用的准备工作,这样才能保障符合教学的要求。通过此次对翻转课堂教学模式应用的研究和分析,希望能为实际的大学英语教学发展起到一定的促进作用。

二、体验式教学模式

(一)体验式教学模式理论介绍

"体验式外语教学"的思想萌芽大约可以追溯到十几年前。随着我国加入 WTO,对外语人才的迫切需求与中国外语教学低效的现状形成了矛盾。打破传统外语教学模式,帮助学生重建外语学习的信心,提供外语学习的持续动力,是体验式外语教学研究的最初动因。当前,我国高等教育出版社副社长兼国际语言研究与发展中心主任刘援同志所著的《体验式外语教学理论与实践》一书,代表了该项目研究的最新进展和研究成果。其中阐述了体验式外语教学的研究成果主要有以下几个方面。

(1)界定了体验式外语教学的基本概念、介绍了体验式外语教学的 4E 模型,即"参与(Engagement)""愉悦(Enjoyment)""共鸣(Enhancement)"和"环境(Environment)"以及理论和实践原则。

(2)从哲学、语言学和教育学等不同的视角阐述了体验式外语教学的理论基础。

(3)陈述了体验式外语教学在教学方法、教育技术、教学资源、教师发展、教学管理与评估等方面的实践研究成果。

体验式大学英语教学模式是培养应用型人才的教改模式。语言的习得是学生的认知发展、语言能力、心理、情感等内部因素与语言输入、社会环境等外部因素相互作用的结果。体验式外语学习所提倡的教学理念是将学生置于语言教学的中心,强调学生的个体需求和个性化的学习风格,强调合作式学习,强调课堂交际情境对校外社会现实的再现,体现了应用型人才的培养宗旨。体验式教学模式提倡个性化教学,要求学生对自己、对学习过程和学习环境有明确的认识,鼓励学生结合自己已有的经验和知识,通过体验式学习,达到自主学习的目的。体验式教学模式是以学生的"经验生长"为中心,以学生的潜能为动力,把学习与学生的兴趣和愿望结合起来。

(二)体验式教学模式的意义

《国家中长期教育改革和发展规划纲要(2010—2020年)》指出,"遵循教育规律和人才成长规律,深化教育教学改革,创新教育教学方法""尊重教育规律和学生身心发展规律,为每位学生提供合适的教育""充分利用优质资源和先进技术,创新管理模式""促进教育内容、教学手段和方法现代化"。体验式大学英语教学模式正是朝着这一方向进行的探索,是从关注学生在外语学习中的内心感受和体验,到重视学生在体验中的主体地位,从围绕建立学生的良性体验——体验英语、体验快乐、体验成功,再到利用计算机和网络把音、像、文等元素相融合,按照外语学习规律创造语言学习环境,把学习的主动权还给学生的一种全新的外语教学模式。

体验式大学英语教学是教育部在加强实用性英语教学,提高学生英语综合运用能力,注重培养学生的口语和写作表达能力的"大学英语教学改革工程"中被引入大学英语教学的。其巨大的应用价值和深远的社会影响是多方面的,从教学实践看,体验式英语教学的提出是出于国家发展的需要,源自教学改革的实践,直面英语教学的困难,在教学改革中不断探索前进,直接接受实践应用的检验,具有重要的现实意义。

(三)体验式教学模式的应用

以山西农业大学为例,目前该校公共外语教学主要采用体验式英语教学模式,使用的是刘援策划并组织编写和出版的《大学体验英语》系列教材,旨在让学生体验教材、体验英语学习的乐趣、体验英语能力的不断提高。在教学理念上,体验式英语教学突出应用和交际功能,教材以任务为主线,将知识学习与语用实践融为一体,有效巩固学习效果。结合我国学生的特点和教学实践,比起以前使用的教材、教法,体验式英语教学更加强调以学生为中心,使学生通过积极主动的语言实践活动,逐渐接近语言教学的最终目标。针对学生英语基础普遍较差,信心和学习动力不足的现状,体验式英语教学无疑是一种有益的尝试,而且在日常的教学实践中,明显能够感觉到学生的兴趣和热情,以及他们在体验中感受到了学习英语的快乐。同时,《大学体验英语》教材的使用、体验式英语教学的实践,也有利于对体验式英语教学做进一步的研究,可以针对学生的特点实施层级教学,以及针对他们考研、就业等不同需求实施需求教学,采用小班授课模式,从不同的维度评价教学效果,并从理论和实践中不断丰富体验式英语教学的研究成果。

总之,体验式英语教学模式体现了一种全新的教学观念,创造了一种从全新视角看待英语教学理论与实践的模式。这种理念从学生的视角进行教学,注重学生内心的感受,强调学生在学习过程中体验和经验的互动关系。在体验式大学英语教学模式下,师生的知识观、师生角色、学生的学习动机和教师的教学目标都有了很大的改变。新模式帮助学生明确了学习英语的目标,极大地调动了师生的积极性,帮助学生感受到体验式英语教学的快乐和成功。教师也能根据学生学习英语的需求有针对性地展开英语教学,教学责任感明显增加,教师更加乐于投入更多的时间和精力进行符合学生需求的语言教学。

三、交际教学模式

(一)交际教学模式的概念

交际教学模式的产生和发展与当时的社会背景有着密切的关系。20世纪60年代,西方发达国家的经济迅速发展,在西欧国家,除了地区与地区之间的交往,一些发展中国家的劳力也逐渐涌入西欧市场。在这一过程中,语言方面的障碍成为人们沟通过程中的最大难题。尤其对于到发达国家寻求更好发展的那些人来说,虽然他们在国内学过一些外语,但到了国外才发现连基本的交际都无法完成。在这样的情况下,人们急需一种行之有效的学习方法,帮助他们克服困难。与此同时,在教育领域,所有的理论与实践的研究都归结到"交际能力"上,且越来越多的人也赞同从社会应用的角度学习和观察语言。由此,"交际语言教学"的思想开始传播并被广泛应用。

概括来说,交际教学就是以社会语言学和心理语言学理论为基础,以培养交际能力为目标,以交际功能为大纲的一种教学模式。由于交际教学模式非常重视交际过程,将其作为教学核心,培养学生在不同场合使用恰当语言的能力。在交际教学中,其目的是培养学生的交际能力,英语只是作为一种交际媒介起作用,因此交际教学模式的侧重点是如何有效利用英语完成交际任务,并不关注所述句子的结构是否完全正确。

(二)交际教学模式的理论基础

1. 现代语言学习理论

现代语言学习理论认为,外语交际能力是习得、学得的产物。

从本质上说,外语交际能力是习得的。需要注意的是,习得和学得是不一样的,前者是指学习者在日常生活环境下获得经验而产生行为变化的过程,后者则是学习者在教育目标指引下获得经验而产生行为变化的过程。口语交际和读写活动不同,学习者不经过学得是无法认识文字、掌握读写能力的,但其很有可能善于口语交际,这完全是因为母语口语是习得活动。可以说,习得规律是主体亲自在大量的口语活动中,通过大量的口语实践而获得大量的口语经验。一个人如果不与人交流,不去参加任何口语交际实践,是不可能获得外语交际能力的,这就是外语交际能力的习得性。

由此可见,外语交际能力的培养和提高应当遵循习得性规律,让学生参与大量的口语活动,在口语实践中取得口语经验。在此基础上,学生外语交际能力的习得逐渐由大量变成少而精要,由自发变成自觉,由缓慢变成加速,从而由习得变为学得,即在习得规律制约下的学得。因此,在现代语言学习理论下,有效的语言学习不是教育传授性的,而是经历性的,学习过程是第一性的,学习内容是第二性的。

2. 交际语言教学理论

在乔姆斯基(Chomsky)的语言能力学说的基础上,美国社会语言学家海姆斯(1972)提出了交际能力学说,并区分了"语言能力"和"语言使用"的概念。具体来说,语言能力指人们内在的语言知识,语言使用则指语言知识在具体情境中的实际应用。此后,考虑语言使用中的社会文化因素,海姆斯又对这两个概念进行了深入研究,进一步指出"语言能力只是交际能力的一部分"。海姆斯认为,交际能力由以下四部分组成。

(1)形式是否可能。

(2)实际履行是否可行。

(3)根据上下文是否恰当。

(4)实际上是否完成。

海姆斯的"交际能力学说"不仅包括了乔姆斯基的语言能力或语言的语法性,还包括可行性和恰当与否这些在乔姆斯基语言学理论中属于语言行为范畴的概念。所以,拥有交际能力就是同时拥有语言知识和实际使用语言的能力。

早在1968年,博纳德·斯波斯基(Bernard Spolsky)就提出,语言熟练程度测试不应只局限在语言的语法项目上,还应包括语言功能项目。1978年,博纳德·斯波斯基依据海姆斯的观点,从以下五个维度论述了学习者应具备的交际能力。

(1)语言维度。

(2)信道维度。

(3)编码维度。

(4)话题维度。

(5)情境维度。

(三)交际教学模式的应用

1. 设计交际活动

在交际教学模式的课堂环境下,应设计强调语言功能特点的交际活动。这类活动的目的是鼓励学生尽可能依靠自身已经建立的知识体系顺利完成交际,如解决问题或交换信息等。下面介绍几种具有功能交际特征的活动。

(1)描述活动。在教学过程中,教师可让学生描述具体的事物或者现象,这就是描述活动。描述活动的目的是促使学生学会如何以段落的形式运用和理解目标语。描述活动还能够锻炼学生的逻辑思维能力,从而帮助学生更好地完成交际。

(2)简短对话活动。交际能力发展在很大程度上取决于学生进行简短对话的能力,涉及的话题有很多,如天气、赛事、度假、交通状况等。虽然从表面上看,这些简短的对话是没有任何意义的,但它们对创造社交氛围起着至关重要的作用。因此,教师应引导学生掌握基本的简短对话技巧。对话可以在两个人之间进行,也可以在多人中进行;所谈论的话题可以是一个,也可以是随时转换的,不过都应以简短为宜。

(3)角色扮演活动。由于课堂的时间非常有限,因此角色扮演或者模仿活动就成了教师创建多元化社会语境、反映更加多样化社会关系的重要技巧。为此,教师可以设计与社会交往相关的一些角色,如学校、家庭、朋友见面的场景,也可以设计一些学生暂时用不到、不过以后会用到的订酒店、订旅馆的场景。总之,活动的设计可以从简单的交际事件延伸到较复杂的交际事件。

2. 培养学生的社会交往活动能力

利特尔伍德(Littlewood)认为,为学习者设计的交际活动不仅应该具有功能特征,还应该具有社会特征。衡量交际成功与否的重要标尺有两个层面:一是语言表达功能是否有效,二是所选择的语言形式是否得体和可接受。也就是说,当课堂交际活动与课外的社会交往活动相结合时,语言就有了功能性,而且是一种社会行为方式。该项活动设计主要包括以下几种。

(1)借助提示信息来完成。当只有一位学生作为交际者得到详细的提示信息,而另外一位或者几位交际者得到的信息只能满足为其提供必要的回答时,教师就可以帮助学生创建灵活的交流框架。例如,在预订酒店的活动中,教师应该让两位学生分别扮演老板和客人,而这二者之间的交际活动的主要结构取决于客人所说的内容,因为其在交流过程中必然会提出各种要求和问题,而旅馆的老板则对客人的要求或问题进行一一解答。可见,这一类交际活动更适用于两位有着明显语言差异的学生。

(2)借助提示性对话来完成。借助提示性对话完成的交际活动是一种比较简单的角色扮演活动。教师可以设计一些具有不同提示的卡片,并将这些卡片给学生 A 和 B 来模范现实交际过程中的一些不确定性或者自发性的特点。在这一交际过程中,学生 A 必须倾听学生 B 的语言信息,这样才能清楚如何对答。一般情况下,学生根据所得到的提示信息在很大程度上都能够预测到另一位交际者将要传达的信息,并以此来确定应对的大致内容,这样也就减少了一些交际水平偏低的学生的困难。

(3)借助交际情境和交际目标来完成。借助交际情境和交际目标来完成的交际活动是一种比较高层面的角色扮演活动。在这一活动中,教师可以使用某些信息提示,但是会减弱学生想要表达的思想的控制程度。在活动开始时,学生只是对交往活动的目的和内容有一个大体的了解,随着活动的正式展开,他们需要不断进行协商,对另一位交际者的问题进行自发的回答。但是,学生需要对交际信息有一个共识。

3. 评价交际能力

在设计完交际活动并由学生进行实践之后,就要对学生交际能力进行评价。由于交际活动具有功能性和社会性的特点,因此其评价也具有功能性和社会性的特点。需要注意的是,不能将功能与社会这两个因素完全分割开来,而是应该将二者统一融入对学生总体交际能力的评价中。

(1)对目标语得体性运用的评价。对目标语得体性运用的评价主要包含以下两个方面。

其一,交际话题的选择决定了目标语文化背景知识所确定的得体性。由于文化背景不同,一种文化中被认为是隐私的话题却在另一个国家是开放的。例如,中国人之间见面一般会问:"多大了""去哪了"等问题,这在中国人看来是习以为常的,但是不能被西方人接受。在西方,当看到别人买回来东西的时候,从来不会询问价格;见到别人离开或者回来,也不会问及"去哪儿"或者"从哪里来",因为这些都是个人的隐私问题,无论是长辈还是上司,都是无权过问的。如果一个中国人问一个外国人"Are you married?""How old are you?""Where are you going?"等,就会被视为违反英美文化中的言语行为准则。

其二,对目标语的使用是否恰当是受到交际者之间的关系和发生的场景影响的。例如,"What's your name?"这句话的表达是没有错误的,但是在打电话时不能这样问,因为这样问就违背了语言的得体性原则,正确的说法应该是"May I know who is calling?"

(2)对文化背景知识掌握的评价。在培养学生的交际能力时,培养学生的文化背景知识也是必不可少的一部分。能够保证对目标与使用的恰当、得体的关键在于对目标语族的社会文化、风俗习惯、价值观念等层面的了解。因此,在交际过程中,教师应该帮助学生积累和掌握一些常用的文化背景知识及基本的规则。

在考查和评价学生对文化背景知识的掌握情况时,教师可以将一些文化误解或者文化错位的例子展示给学生,这些文化误解和文化错位很有可能导致本族语者产生负面情绪,教师可以让学生对这些现象进行判断并予以纠正。在这一过程中,教师可以判断出学生对文化背景知识的掌握程度,并及时进行调整,从而引导学生了解目标语文化背景下的社会交往技巧。同时,教师可以对中西方文化进行比较,帮助学生更好地进行交际。

(3)对约定俗成语言形式掌握的评价。任何一种语言都包含大量约定俗成的语言形式和用法。如果学生对这些约定俗成的语言形式和用法缺乏一定的掌握,那么就很容易导致在实际的交际过程中出现困难和尴尬的局面。例如,在告知时间时,英语中常用"It's twenty to three."而不能用"It's three minus twenty."再如,在问候别人时,英语中常用"How are you?"而不能用"Are you well?"这一表达方式。

在交际语篇的其他方面也体现出语言约定俗成的特点。

固定套语:有些约定俗成的形式仅用于某些特殊场合,如"Check,please."这一固定表达方式仅在饭店结账时使用。

礼仪套语:在礼仪交往中必须使用一些约定俗成的短语,如请客人先行进入房间时要说"After you."在偶遇一位很久不见的朋友时要说"How nice to see you."

固定句型:"约定俗成的语言形式"可以延伸到更为广阔的领域,这些语句在实际的语篇中并非独立的,而是作为完整的语言单位存在于学生的大脑之中,并会在语言输出中使用。著名的学者波利(Pawley)和赛德(Syder)举了这样一些例子。

Have a seat.	Seen any good films lately?
Check, please.	You're looking very well.
Nice to meet you.	Don't worry about it.
How are you?	We must get together again.
May I know who's calling?	Have some more.
I'll be with you in a minute.	What a shame!

在英语中,有成千上万的类似上述表达的形式,这些表达需要与特定的场景结合在一起。这些固定形式的运用也有助于学生形成地道、自然的语言表达形式。同时,对这些固定形式的表达有助于学生有效交际策略的发展,弥补目标语知识系统中的不足。

四、微课教学模式

(一)微课教学模式的概念

微课是指运用信息技术按照认知规律,呈现碎片化学习内容、过程及扩展素材的结构化数字资源。微课是基于传统单一资源类型的教学课例、教学课件、教学设计、教学反思等发展起来的。作为一种全新的教学资源和在线课程,微课以短小精趣的微视频为主要载体,重点围绕某一单一知识点展开教与学活动。微课的核心组成内容是课堂教学视频。除此之外,一些辅助性教学资源,如与课堂教学主题相关的教学设计、素材课件、教学反思、练习测试、教师点评、学生反馈等也是微课的重要组成部分。它们按照一定的组织关系和呈现方式共同"营造"了一个半结构式、主题式的资源单元应用"小环境"。

(二)微课教学模式的内容选择

微课与传统课程存在很大的不同,其内容的选择也有自身的范围。这里从以下三个方面进行具体分析。

1. 语言知识方面

在语言知识方面,比较适合制作大学英语微课的内容主要涉及以下几个层面。

(1)在声韵知识层面,教师可以制作对英语音标介绍的微课,从而使学生掌握重读、弱读、连读等技巧。

(2)在语义知识层面,教师可以制作对名词与谓词搭配关系进行描写的微课,从而使学生从语义特征角度来修饰各种名词。

(3)在篇章结构知识层面,教师可以制作针对某一篇文章结构分析的微课视频,从而使学生从宏观层面对文章的写作思路有一个整体的把握。

2. 非语言知识方面

在非语言知识方面,适合制作大学英语微课的内容主要有概念性知识与程序性知识。例如,在概念性知识方面,教师可以制作一些讲解肢体语言概念的微课视频;在程序性知识方面,教师可以制作一些讲解怎样把主动句变为被动句的微课视频。

3. 语言微技能方面

一些英语微技能也适合制作大学英语微课的内容。以阅读为例,教师可以制作一些关于阅读技巧(如快速阅读、推理技巧、泛读技巧)的微课视频。例如,在快速阅读讲解方面,教师可以制作一些与快速阅读相关的微课,使学生更好地区分快速阅读中的 Skimming 与 Scanning 这两种技巧。在推理技巧讲解方面,教师可以制作相应的微课对如何通过分组实验或调查问卷等方法得出结论进行讲解。在泛读技巧讲解方面,教师可以制作与寻读、略读或猜词等相关的微课视频,从而使学生更好地掌握泛读技巧。

(三)微课教学模式的流程

1. 搜集制作

教师可以通过有关网站收集优秀的微课资源,如果有需要,学校可以购买一些优质商业性微课资源,对这些微课进行分析,并根据实际情况将微课运用于教学中。

在微课的制作过程中,教师应在对教学内容进行精心选择的基础上,突出将教学重点快速切入主题,同时保证所选择的教学资源或 PPT 与主题之间的逻辑关联性。

微课视频拍摄的方式有多种,教师可以根据自身的需求灵活选择,如可以选用数码摄像机、录屏软件录制,也可以选择智能手机拍摄。

2. 发布视频

大学英语微课视频录制结束之后,教师就可以将视频上传到网络,学生通过上传的视频进行网络学习或移动学习。在观看与学习微课视频的过程中,学生如果遇到生词或难以理解的句子,可以通过点击"暂停""重放"按键调节学习速度,反复进行学习,直到掌握为止;如果遇到难以解决的问题,学生也可以向教师请教,或与学生进行讨论,这对学生自主解决学习问题能力的培养非常有利。

3. 课堂教学

教师可以将微课资源和视频有效运用于课堂教学,课堂上的主要活动是学生提问、教师解答以及学生之间互相交流与讨论。教师可以从学生在微课学习之后的问题中选择一些具有代表性的问题,给学生留存足够的时间就这些问题进行互动探讨。教师不再是传统的信息传递者,而是学生认知过程中的引导者。当学生在对知识完全掌握之后,要完成教师发布于微课教学平台上的作业。作业的完成有助于学生对问题有更深的理解,从而实现知识的深度内化与输出,最终促进学生学习效率的提高。

4. 互动交流

在课堂教学阶段结束后,教师可以制作一些拓展练习微课,让学生进行观看与学习,从而巩固学生课堂所学的知识,教师可以要求在微课教学平台上撰写与反思,就学习到的知识进行交流,同时通过网络平台就课上遇到的问题进行讨论,这样有助于学生养成良好的英语学习习惯,最终提高学生的英语水平。

(四)微课教学模式在大学英语教学中的运用

这里主要对微课在大学英语词汇教学中的运用加以探讨。

1. 教学设计

在词汇教学设计中,选题设计主要是选定单词作为教学内容。由于大学生的注意力集中时间相对较长,微课时间可以控制在10分钟左右。在讲解单词时,教师可以采用"词块"(prefabricated chunks)形式,根据段落顺序将每个段落中的词块找出来,然后就词块中的生词或重点词进行词根或词缀分析,提供其他常见搭配与例句,同时设计相关习题。学生头脑中储存大量的短语块,可以使输出更流利。

2. 撰写视频字幕

在录制视频之前,教师准备好视频字幕,以使学生了解视频内容,对视频中的知识点有一个准确、深刻的理解。教师首先应将段落中的重点词块找出来,并提供例句对这些词块使用语境进行解释,然后给出一些词块的其他常用搭配,扩大学生的词汇量。教师应认真准备这些内容,从而使学生对视频内容有一个更好的理解。

3. 录制视频

在录制视频的过程中,教师要恰当选择录屏软件,并能熟练操作,确保较好的视频画面效果以及清晰的声音。教师还要注意神态自然、语速适中,深入浅出地讲解教学内容。

4. 课堂教学

在课堂开始之前,教师可以将录制好的微课上传到网络平台,让学生提前观看、学习。在课堂教学中,教师主要解答学生提出的重点与难点,且组织相关的课堂活动,从而巩固学生所学的知识点。

具体而言,教师可以让学生以小组为单位用学过的词块进行对话练习,编写情景小品,写故事,也可以要求学生进行单词听写练习,要求学生针对所给词块对课文内容进行复述。总之,在课堂教学中,应以学生为中心,采用多种多样的课堂活动,使学生在微课中所学习的词汇知识得到内化。

5. 辅助拓展资源

教师可以根据特定单元的主题与教学内容给学生提供一些相关的练习题,以更好地巩固学生所应掌握的知识。在完成相关单元的PPT课件之后,教师应将资源与学生共享,以促进学生对微课视频教学内容的理解。此外,教师应鼓励学生进行课外学习,如向学生推荐一些电影、音乐等资料,这些辅助资料不仅有利于学生消化课内知识,而且可以拓宽学生的眼界。

第四章　大学英语词汇与语法教学理论及改革

英语词汇和语法是英语语言的基本构成要素,更是教师教学和学生学习的重要内容。词汇是英语学习的基石,语法是英语学习的规则,如果不具备基本的词汇和语法知识,英语学习就无法有效进行。所以,即使在大学英语教学中,英语词汇和语法教学也十分重要。近年来,大学英语教学为了培养出符合社会发展的英语人才在不断变革,无论是教学理论还是教学实践,都在不断创新和改革,大学英语词汇和语法教学也是如此。本章将对大学英语词汇和语法教学理论及改革进行详细探究。

第一节　大学英语词汇教学改革

词汇是构成英语语言的基本材料,是语音和语法两个构成英语语言要素的重要载体,更是学习英语语言的基础。如果学习者词汇量掌握不足,那么就难以习得英语语言的技能,从而无法获得交际能力,因此词汇学习的重要性是不言而喻的。但是,目前大学英语教学中仍存在很多问题,影响着大学英语词汇教学效率的提高,因此大学英语词汇教学应随着社会与大学英语教学的发展而不断改革。

一、大学英语词汇教学的原则

在大学英语词汇教学中,教师应遵循科学的教学原则,这样可以增加教学组织的有效性,活跃课堂氛围,从而显著提高学生的词汇能力。具体而言,教师可以遵循以下几项原则。

(一)目标分类原则

所谓目标分类原则,是指根据学生的学习特点、具体需求等确定词汇学习的目标。具体而言,大学英语词汇大致可分为三类,即过目词汇、识别词汇和运用词汇。过目词汇指的是在表达过程中起配合作用的词汇。在学习过程中,学生只需要大体了解这类词汇即可。识别词汇指的是能够帮助语境理解的词汇,学生在阅读过程中可以通过上下文等手段了解其含义。针对这种词汇,学生只需要了解其语义即可,不需要掌握词汇的属性与用法。运用词汇是学生词汇学习的重点,使用频率较高。需要指出的是,不同的专业、不同的行业其语言使用的侧重点不同,因此词汇运用也会有所差异。

可见,大学英语教学并不要求学生掌握所有的词汇,这样不仅不现实,也没有效率。教师应根据英语词汇教学的目标,让学生有选择性地学习词汇,从而提高学生学习的效率。

(二)循序渐进原则

循序渐进原则是任何教学都应遵循的一项原则,大学英语词汇教学也是如此。这一原则要求词汇教学应该在数量和质量平衡的基础上对所教内容层层深入。在循序渐进原则的指引下,英语词汇教学不能单纯地追求词汇的数量,而应该重视词汇掌握的质量。应该做到在增长词汇数量的基础上,提升词汇使用的熟练程度。在词汇学习中,质和量是分不开的,词汇越多,词汇之间的联系性与系统性就越强,学生进行词汇巩固的自然度就越高。逐层加深指的是在词汇教学中教师不可能一次性教授词汇的所有语义,学生也不可能一次性掌握词汇的全部知识点,词汇的教学与学习应该由浅入深地进行。

由此可见,词汇教学要避免急于求成。教师要引导学生切实掌握每个单词的意义和用法,并且由浅入深不断推进,以提高学生的学习效率和教学的效果。

(三)词汇呈现原则

在开展词汇教学时,教师首先要向学生呈现词汇,这是词汇教学的首要步骤。词汇呈现能够使学生对词汇产生第一印象,在很大程度上影响着学生对词汇学习的兴趣,因此教师在词汇教学中应遵循词汇呈现原则,坚持呈现的情境性、趣味性和直观性。

呈现的情境性是指在词汇呈现过程中将词汇置于一定的情境当中,让学生在不同的情境中了解词汇的意义。呈现的趣味性是指在词汇呈现过程中采用不同的方式和形式,以激发学生学习的兴趣。呈现的直观性是指借助实物、道具等展示具体词汇。

词汇呈现对后续的词汇教学有着重要的影响,教师可以从具体的学生情况、教学条件等出发,丰富词汇呈现方式。

(四)回顾拓展原则

学生每天都在学习新的词汇,如果不对已经学过的词汇进行复习和巩固,就很容易遗忘学过的词汇。因此,在词汇教学中教师要遵循回顾拓展原则,即将新旧词汇相结合,利用已教授过的词汇来教授新的词汇,这样既能让学生巩固已学过的词汇,又能有效地拓展新的词汇。需要注意的是,词汇知识的回顾是为词汇的拓展服务的。教师需要拓宽学生的词汇接触面,增强学生对词汇的理解程度,在原有词汇基础上提升学生的语言运用能力。

需要注意的是,词汇教学过程中教师要把握好回顾拓展原则的界限,要充分考虑学生的接受程度,否则词汇拓展会没有效果,也会加大学生理解的难度,同时会挫伤学生学习的积极性。

(五)联系文化原则

由于词汇学习的目的是顺利进行跨文化交际,而且词汇与文化关系密切,因此大学英语词汇教学的开展需要遵循联系文化原则。在词汇教学中,无论是在词义还是在结构方面都应该与语言背后的文化相联系。对语言文化的理解有助于加深学生对词汇的理解,并能使学生掌握词汇演变的规律,从而更加全面、有效地使用词汇。例如,news 事实上是由 north,east,west 和 south 四个单词的首字母构成的。了解了这一点,学生就不难理解其含义为什么是"新闻"了;news 是指来自四面八方的消息。可见,英语词汇教学的展开要充分考虑文化因素。

(六)词汇运用原则

有效运用词汇是学习词汇的重要目的,因此在大学英语词汇教学中,教师要遵循词汇运用原则,在向学生传授词汇知识的同时,注重学生对词汇的使用,即从语境和语言运用的角度让学生理解词汇的具体用法。具体而言,词汇运用原则要求教师在教学中做到以下几点:首先,词汇运用活动的设计应该符合学生的特点;其次,在词汇教学过程中应该培养学生的词汇联想能力;最后,词汇教学过程中要注意词汇练习,并保证练习的质量,切实有效地提升词汇运用的效果。

二、大学英语词汇教学的新方法

教学方法是教师开展教学的重要手段,也是提升教学效果的重要方式。为了改善大学英语词汇教学的现状,解决其中存在的问题,提高教学的效率,教师除了要遵循科学的教学原则,还要巧妙运用各种新颖的教学方法。具体而言,教师可采用以下方法开展大学英语词汇教学。

(一)词汇记忆法

词汇的记忆和积累对于词汇的掌握和运用至关重要,所以在大学英语词汇教学中,教师首先要教授学生如何记忆词汇。具体而言,教师可向学生介绍以下几种记忆词汇的方法。

1. 归类记忆

(1)按词根、词缀归类。词汇记忆是非常枯燥的,但通过词根、前缀和后缀来记忆可有效提高记忆效率,使学生逐渐扩大词汇量,而且能降低词汇记忆的枯燥感。例如:

re-(表示"再、复"):react(反作用),rebuild(重建),reconsider(重新考虑),reaffirm(重申)

sub-(表示"下、次、分"):subnormal(低于正常的),subway(地下铁道),subheading(小标题),submarine(潜艇)

(2)按题材归类。日常交际会涉及多个不同的话题,教师可将与某一话题相关的词汇进行归类,这样可使学生的词汇学习形成系统,有一个系统的记忆。如图 4-1 所示。

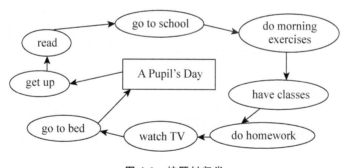

图 4-1 按题材归类

(资料来源:林新事,2008)

通过图 4-1 可以看出,与"A Pupil's Day"这一话题相关的单词有很多,这样记忆更加系统,而且更加有效。

2. 联想记忆

联想记忆就是以某一词为中心,联想出与之相关的尽可能多的词汇,这样不仅可以有效记忆词汇,而且可以培养发散性思维。如图4-2所示。

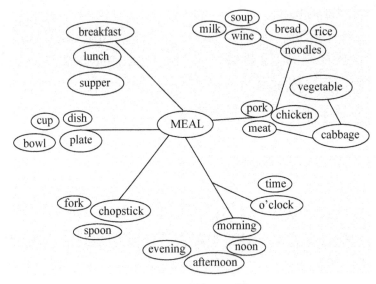

图 4-2 meal 的词汇联想

(资料来源:何少庆,2010)

从图4-2可以看出,通过单词 meal 可以联想到与之相关的众多词汇,这不仅能提高记忆的效率,扩大词汇量,还能拓展思维能力。

3. 阅读记忆

在阅读中学习词汇,不仅可以有效记忆词汇,还能加深对词汇的理解,了解词汇在具体语境中的运用情况。阅读分精读和泛读,通过精读可以进行有意识的记忆,通过泛读可以进行无意识的记忆,在泛读中可以巩固精读中所学的词汇。在具体的学习过程中,学生可将精读与泛读结合起来,从而加深对词汇的记忆,有效运用词汇。

(二)文化教学法

在大学英语词汇教学中,教师可以采用文化教学法开展教学,即在英语词汇教学中融入文化知识,以丰富学生的文化知识,提高学生的词汇运用能力。具体来说,教师可采用以下几种方法开展文化教学。

1. 融入法

在我国,课堂是学生学习英语的主要场所,学生基本都是在汉语环境下学习英语的,较少接触英语环境,更少了解英语文化,所以在遇到与课文相关的文化知识时,往往会感到疑惑。此时,教师要积极发挥自身的主导作用,采用融入法,在课堂教学中融入一些英语文化知识。具体来说,就是在备课时精选一些与教学相关的文化信息材料,将它们恰到好处地运用到课堂上,以增加课堂教学的知识性、趣味性,活跃课堂气氛,加深学习内容的深度和广度,激发学生的求知欲。例如,对于 the Big Apple 这一表达,学生基本知道其字面含义,也有部分学生知道其是纽约市的别称,但大部分学生不知道其为什么是纽约的别称。此时,教师可以向学生介绍美国的历史文化,这样可以丰富学生的英语文化知识,开阔学生的视野。

2. 扩充法

课堂教学时间毕竟是有限的,因此教师可引导学生进行自主学习,即充分利用课外时间来扩充词汇量,丰富词汇文化知识。具体可采用以下几种方式。

(1)推荐阅读。课堂教学时间是有限的,在课堂上教师不可能将词汇所涉及的方方面面的文化知识都教授给学生,对此教师可以引导学生进行课外阅读,一方面使学生充分利用课外时间扩大知识面,丰富词汇文化知识;另一方面,可以培养学生的自主学习能力。教师可以有选择性地向学生推荐一些有关英美国家的社会文化背景知识的优秀书刊,如《英语学习文化背景》《英美概况》以及 China Daily 等,还可以引导学生阅读原文名著,让学生深刻体会英美民族文化的精华,从而扩大学生的词汇量,丰富学生的文化知识,开阔学生的视野。

(2)开展实践活动。跨文化交际能力不仅包含丰富的语言文化知识,还包含扎实的实践能力,即通过交际来感受不同文化之间的差异,从而形成对文化差异的敏感性,并在交际实践中调整自己的语言理解和语言产出。因此,教师应积极为学生创设情境,鼓励学生积极参与实践活动,从而丰富学生的词汇文化知识。教师可以组织学生参与英语角、英语讲座等,让学生接触地道的英语,在英语语境中学习文化知识。

(3)观看英语电影。观看英语电影也是丰富学生词汇量和文化知识的重要方式。很多英语电影都蕴含着浓厚的英美文化,而且语言通俗、地道,教师可以引导学生观看一些英语电影。通过观看电影,学生的积极性会被激发,而且能有效提高学生的文化素养和英语能力。

3. 对比分析法

英汉文化在很多方面都存在着差异,通过对英汉文化的对比分析,可以对英汉文化有一个更加深入的了解,也能获得跨文化交际的敏感性。因此,在大学英语词汇教学中,教师应有意识地对英汉词汇文化进行比较分析,使学生了解中西方文化差异,深刻理解和掌握词汇文化的内涵。

例如,教师可以通过向学生讲述及对比中外美食的差异,来达到学习内化有关食物(food)、食材(material and stuff)、味道(flavor and taste)等英语词汇的目的。具体来讲,课前要求学生观看《舌尖上的中国》(A Bite of China)、《食神》(The God of Cookery)等影片及视频,并根据影片视频中的英文字幕了解相关内容及词汇表达,制作PPT。然后在课堂上以小组为单位进行讨论,要求学生根据之前观看的影片内容,结合课内单元所学的词汇把单词罗列出来,并通过网上搜索的形式进行补充、汇总。接着教师呈现一些单词,如 cookie, pastry, popcorn, biscuit/cracker, porridge, spring rolls, tofu, dim sum, French fries, potato chips, asparagus, bland, soggy, crispy, buttery, crunchy, oily, creamy, sour, spicy 等,单词可以以图片结合文字、实物等形式用PPT在投影上展示,在规定的时间内让学生熟悉。另外,教师要为学生提供一些重点句型,如"This is my favorite…""Why don't we…""My suggestion is…""If I were you, I would…""It might be a good idea for us to…""I prefer… to…"等,进而要求学生将关于中国美食(包括地方美食)、欧美地区美食、东南亚美食、拉美及南美地区美食及饮食文化习惯的词汇进行归类,以小组为单位,利用多媒体教室的电脑对之前做的PPT进行修改、补充。

之后,将学生分为四人小组,或让学生自行组成四人小组,可以结合自身的旅游经历,运用之前补充并学习的词汇来描述国外美食、中华传统美食包括家乡地方美食,并谈论自己喜爱的食物,或进一步运用词汇和短语讨论美食与健康养生之间的关系。例如:

I prefer spring rolls(春卷), chow mein(炒面), jiaozi(饺子) and wonton(馄饨) are also my favorite, why don't we have a try?

I lived in Thailand for 6 months, so I love Thailand food so much. Maybe it's too spicy for you, but not for me. I came home a month ago. The food in my hometown tastes so bland—I don't like it anymore.

I have a "sweet tooth", which means I like sweet food.

Dessert is my favorite; I like anything with chocolate in it.

I think I am overweight, so I need to go on a diet. I have to give up my favorite buttery food. Actually I know the creamy and buttery food is bad for my health. But it's too hard.

Indeed I prefer healthy foods to buttery, oily or sweet food. Actually vegetables and fruits supply more vitamins, fibers and minerals, which are quite good for health.

之后，教师让学生上台展示做所的PPT内容，描述中外各国美食，并发表自己的看法。

通过这样的活动，学生获得了充分运用各种词汇和短语来描述中西方饮食文化的机会，学习的兴趣会得到充分激发，而且能将所学的知识运用于实践，提高跨文化意识和能力。

（三）词汇游戏教学法

如今，计算机和网络技术快速发展，随之网络游戏也迅速发展起来。网络游戏改变了单一的人机对话方式，开始强调人性交流，它为游戏者提供了一个逼真、互动、多样、平等的虚拟世界，作为一种新的教育方式迅速普及和发展起来。

当前，市面上出现了很多的教育游戏软件，通过这些游戏软件，学生可以在玩游戏的过程中理解和掌握需要学习的单词，如跳跳熊单词拼写游戏、单词游戏乐园、玩游戏背单词等。学生通过运用这些词汇教育游戏软件，可以在游戏的语境中练习各类单词的发音、拼写并加以记忆。游戏能为学生提供和创设丰富、逼真的学习环境，激发学生的兴趣，使学生在愉悦的氛围中不自觉地掌握所学的知识。

在具体的教学中，教师也可用游戏来改进传统词汇教学模式的弊端。通过游戏进行英语词汇教学，有利于转变传统的词汇教学模式。生动活泼的小游戏能够使学生更好地理解和掌握自己所学的词汇,从而快速、准确地熟悉各类短语和对话。总体而言,采用词汇教育游戏的教学方式有利于克服传统词汇教学方式单调陈旧和课堂组织形式保守等弊端。

另外,教师可以应用词汇教育游戏,为学生创设真实、地道的英语词汇学习环境。一方面,以多媒体作为主要载体的教育游戏能够为学生创设学习英语的良好环境。学习时可以提供真实、地道的语音资料,配以原汁原味的英美文化插图、游戏,让学生有种身临其境的感觉,从而不自觉地将自己置身于英语语言环境学习英语词汇。另一方面,学生可以在玩游戏的过程中体验西方文化,加深对中西方文化差异的理解。游戏可以为学生学习英语提供非常感性的材料,可以将学生学习的背景文化设计成各种游戏情节,在学生体验游戏的同时,加深学生对西方背景文化的全面了解。

值得说明的是,教育游戏有着两面性。教育游戏有着积极的一面,能够给学生创造真实的语言环境,提高学生学习词汇的积极性和效率;但教育游戏也有消极的一面,很多青少年并不具有良好的自我约束能力,很有可能沉溺于网络游戏的虚拟世界中,从而危害身心健康,影响学习。所以,教师在运用游戏教学方法时,要辩正地看待游戏,并有意识地引导学生向积极的方面发展。

第二节 大学英语语法教学改革

语法是语言的重要因素,是语言中各个成分的排列规则,要想学会和使用一门语言,语法规则是必须掌握的,所以语法教学应该是大学英语教学中的重要组成部分。但是,目前大学英语语法教学存在着各种问题,如地位不被重视、教学方式陈旧等,这些都影响着语法教学效率的提高,也限制了学生语法能力的培养,因此大学英语语法教学应不断进行改革,以寻求更大的发展。本节重点研究大学英语语法教学的原则与新方法。

一、大学英语语法教学的原则

教师在开展语法教学时要遵循科学的原则,从而有效改善大学英语语法教学的现状,提高大学英语语法教学的效率。

(一)循序渐进原则

人们对事物的认知往往要经历一个由浅入深、由简单到复杂的变化过程,不可能一次完成。语法学习也要经历这一过程,这样才能更加牢固地掌握语法知识。根据这一规律,教师在教学中就要遵循循序渐进原则,即遵循由表及里、由一般到特殊的原则开展教学。此外,教师在教授语法点时要不断地循环往复,这种循环往复并不是简单的重复,而是根据具体情况有变化的重复,以使学生在"认识—理解—掌握—运用"的过程中掌握语法。

(二)以学生为中心原则

现代教育理念倡导以学生为中心,即教师的一切教学工作都要围绕学生的需求进行。语法教学作为英语教学的重要组成部分,同样要遵循以学生为中心的原则。学习不是单纯接受知识的过程,而是学生一起参与各种学习活动的过程,在这一过程中,外部语言输入固然重要,但是学生个体在社会交际活动中对输入的处理、转换和内部生成更加重要,也就是说,学生才是英语学习的主体。就教师而言,教师在教学中不再是简单地传授语言知识,而是要为学生提供更多的语言运用的锻炼机会。因此,教师应转变角色,尊重学生的主体地位,适当减少知识的讲授,增加词汇应用活动。

(三)交际原则

大学英语语法教学的最终目的是培养学生的交际能力,使学生将学到的语法知识运用于实践,这就需要教师在教学中遵循交际原则。在贯彻这一原则时,教师可从两个方面入手。首先,引导学生多阅读,坚持多多益善的原则,因为通过阅读学生可以体会到语法的生命力在于言语中,也能够切身体会到语法在语言中所起的具体作用。其次,通过模拟情景进行模拟交际。在必要的语法操练的基础上,教师应尽可能地创设交际性语言环境,运用实物、图片、动作、表演以及电化等设备,创造真实或半真实的交际活动,使学生在活动中感知、理解和学习语言,发展语法技能。

(四)真实原则

大学英语语法教学还要遵循真实原则,这一原则与交际原则是相辅相成的。语言学习是为了交际,而现实中的交际都是真实的。所以,语法教学要具有真实性,这样学生在言语活动中感受语法时,语法不再只是一些抽象的规则,而是交际生活中一个必不可少的组成部分。学生在这种真实性教学中能提高学习的兴趣,也能了解语言运用的语境,从而有效提高学习的效率。

(五)系统原则

系统性不强是我国英语语法教学普遍存在的问题。这会使学生机械、孤立地记忆语法知识,对一些相近概念掌握得较模糊,容易混淆,导致学生即使学习了多年英语,在口语和书面语写作上仍然容易犯各种初级错误。实际上,语法并不是杂乱无章的,看似庞杂无序、零散孤立,实际上有自身内在的规律。因此,大学英语语法教学也要相应地遵循系统原则,即让学生在学习某一个语法项目时,应注意与之相关的语法之间的关系,进而建立一个语法体系,这对学生记忆和掌握语法知识是非常有利的。

(六)精讲多练原则

大学英语教学应遵循精讲多练原则。英语语法规则本身就比较烦琐,所以在教学中语法规则的讲解应避免赘述,力求所讲之处一语中的,切中要害,并充分利用教具,通过一些形象、直观的方式讲解,从而使学生从"懂语法"到"会语法"。在精讲之后,通常还要借助大量的练习,并且练习的方式应确保丰富、多样,如采取英汉互译、改错以及应用性写作等训练方式。此外,在具体进行举例时,应与学生的现实生活和工作贴近,并具有鲜明的时代特点,尽量避免列举一些陈旧的例子,且所选择的例子应尽可能有利于激发学生思维的积极性,促使学生主动参与教学活动。

(七)情景性原则

在大学英语教学中遵循情景性原则,其目的是培养学生运用语法的能力。具体而言,教师在教学中应多注意收集学生感兴趣的话题,并将它们设计成相应的情景,通过生动活泼的语言呈现给学生。教师还可以借助时事、新闻等进行编排,为学生练习语法提供生动真实的材料,从而让学生接触真实的情景,进而在真实的情景中锻炼语法能力。

(八)文化关联原则

文化与语言的紧密关系是众所周知的,所以文化与语法之间有着密切的关系。在大学英语语法教学中,教师应注意文化因素对学生学习的影响,并有意识地联系西方文化,将英语还原至当时的语境中,以便帮助学生理解和记忆语法知识。总之,在英语语法课堂教学中遵循文化关联原则,有助于加深学生对语法的认识,提高学生的语法运用能力。

二、大学英语语法教学的新方法

合理运用教学方法不仅能解决教学中的一些问题,还能显著提高教学的效率,促进教学的发展。在大学英语语法教学中,教师可采用以下几种方法来提高学生的语法能力,促进语法教学的改革和发展。

(一)语法练习法

在大学英语语法教学中,教师不能仅注重语法知识的讲解,还要重视学生对语法知识的练习与运用,让学生能够将课堂学习的语法知识运用于实践,从而提高学生的综合能力与素质。这就需要教师对语法练习进行科学、合理的选择和设置,有效地组织学生进行语法项目的操练。但是,采用练习法来操练语法项目时不能盲目进行,而应分阶段进行,通常需要遵循循序渐进的原则来让学生达到熟练应用的目的。

一般而言,语法练习法包括以下几个步骤。

首先,进行机械式训练。教师需要通过模仿、替换、不断重复来进行机械式的训练。机械式练习通常要求学生达到不用理解句子的含义就能做出迅速、正确的反应。

其次,进行内化训练。在完成机械式训练之后,教师可通过造句、仿句、改句、改错、翻译等方式来内化训练,内化训练通常要求学生围绕教学内容进行,要求学生能够达到熟记、理解的程度,并能做出正确的反应。

最后,进行交际操作训练。在机械式训练与内化训练的基础上,教师可借助场景对话或问答形式之类的口语训练进行最后的交际操作训练。这种训练方式最终要求学生能将所学的语法知识综合运用,能组织语言并迅速做出反应和回答问题。

(二)语境教学法

结合具体语境进行语法教学是一种非常有效的教学方法。学生在语境中对语法规则进行体验、感悟、总结和运用,不仅能学以致用,而且对提升交际能力大有裨益。借助语境进行语法教学,有效弥补了传统语法教学中忽视外在语言环境这一问题。在语法教学中,具体可通过以下几种方式来设计语境。

1. 借助现实场景设计语境

英语教学实际上就是师生之间的互动活动,一些从表面上看似单调乏味的日常教学实际上蕴含着一些鲜活的情景语境,因而教师应学会善于发现并对这些现实场景进行充分利用,结合语法规则的特点来设计语境。以祈使句这一语法项目的讲解为例,祈使句的主要功能为表达命令、指示和请求,或者可以用来表示劝告、建议、祝愿和欢迎等。在具体的语法教学中,教师就可以利用师生、学生间的身份并配合一定场景来开展相应的情景教学。

2. 借助多媒体教学手段设计语境

多媒体的优势是显而易见的,对英语教学的辅助作用也很大。多媒体可以为语法规则的学习和教学提供使用语言和用语言进行交际的具体语境,并且能够使静态化、枯燥的语法知识变得更加立体、有趣,从而充分调动学生学习的主动性和积极性。因此,在大学语法教学中,教师可充分利用多媒体创设语境,让学生在与以英语为母语的人士进行交际的过程中掌握语法知识。

3. 借助语篇设计语境

语篇能够为语法规则的归纳、比较与总结等提供较好的上下文语境。语法教学中一些常见的语法知识点和项目,如冠词的使用、时态、主谓一致关系和非限定性动词的使用等通常都应置于一定的上下文语境中,只有在具体语境中讲授这些语法知识,才能更加充分地体现和理解这些语法项目所蕴含的意义。

以时态教学为例,在传统的语法教学中,教师都是运用句子来讲授各种时态的,各个时态间相区别的标志也通常是句中所出现的一些标志词,如 just now, often 等。这种形式的教学其实是有其固有的局限性的,单纯地局限于句子使学生很难全面地掌握某一时态的具体用法,并使学生很难依照语义需要来正确地选择具体的时态。因而,不管句型操练多少遍,当该时态在某一语篇的具体语境中出现时,学生也相对会比较难把握和熟练运用这些时态。

通过语篇来设计语境,可以让学生在一个比较高的层面上全面把握时态的意义和用法。但是,借助这种方法来教授语法,通常对教师提出了更高的要求,需要教师精心地设计和选择语篇,并做好充分的备课。

(三)网络多媒体教学法

随着信息技术的快速发展,网络多媒体开始广泛运用于英语教学,而且发挥着重要的辅助作用。网络多媒体运用于大学英语语法教学中,可以创造轻松、愉快的气氛,减轻学生的焦虑情绪,并有效地调动他们的学习积极性,使他们积极地思考,提高思辨能力与学习效果。具体而言,在语法教学中采取网络多媒体教学法可从以下两个方面入手。

1. 利用课件呈现语法知识点

教师在呈现语法知识点,如讲解语法知识、分析句型语法时,可利用网络多媒体,这样可以通过生动、形象的输入来帮助学生进行理解和记忆。例如,教师在讲授 listen, watch 等词的一般过去时、正在进行时的时候,可以将-ed与-ing形式运用下划线、不同颜色标注出来,或者可以设置为有声导入,这样可以集中学生的注意力,还能引导学生总结规律,实现举一反三。

2. 采用课后自主拓展模式

网络多媒体为学生的课后自主学习提供了非常便利的条件。为了弥补课堂教学的局限性,促进学生的自主学习,教师可以引导学生通过网络多媒体进行自主学习。具体来说,教师可以创建一个讨论组,使资源得到共享。在讨论组中,教师将预先设计好的指导性问题和相关内容上传,学生可以提前进行预习,如果有问题可以提出问题,大家也可以共同讨论。此外,教师可以通过E-mail对学生进行辅导和与学生交流。这不但可以打破时空的限制,还可以缓解课堂的紧张气氛,让学生更轻松,将课堂上的内容延伸到了课堂外。

综上所述,为了提高大学英语词汇和语法教学的效率,大学英语教师应遵循科学、有效的教学原则,采用新颖的教学方法,从而促进大学英语词汇和语法教学的发展,提高学生的词汇和语法运用能力,使学生成为符合社会发展需求的应用型英语人才。

第五章　大学英语听力、口语、阅读教学理论及改革

听力是一项重要的英语技能，如果不具备一定的听力能力，就难以用英语与他人进行正常的交际。口语是人们交流信息和传达情感的主要方式。在我国，对学生英语口语能力的培养主要通过口语教学来实现。阅读作为读者凭借其语言体验和思维能力对文本进行感知和理解的一种方式和途径，是人们日常生活中必不可少的活动。听力、口语、阅读都是重要的英语技能，相应的教学活动也一直备受重视。因此，本章就对大学英语听力、口语和阅读教学的相关理论及其改革方法进行具体探究。

第一节　大学英语听力教学改革

一、大学英语听力教学的原则

(一)激发兴趣原则

英语听力能力的提高是一个循序渐进的过程，而且听力学习是一项枯燥的活动，所以学生很容易"打退堂鼓"。如果学生迟迟看不到自己进步，那么他们就很容易失去对听力甚至英语学习的兴趣。对于任何教学和学习活动而言，兴趣都是至关重要的。因此，有效激发学生对听力学习的兴趣十分重要。在进行听力教学之前，教师要了解学生的兴趣所在，即学生喜欢何种听力活动，对

哪些听力材料感兴趣等,教师以此为依据来选取相应的教学方法,以激发学生的学习兴趣,调动学生的学习积极性,保证听力教学的顺利开展,提高教学效率。

(二)情境性原则

学生在进行语言学习的过程中通常需要与周围环境进行有效的互动,这样学习会更加有效果。学生也只有在自然、舒适的环境下,才能同环境产生相应的互动,并获得真实的语言体验,进而真正提高听力能力。因此,听力教学必须遵循情境性原则。良好的课堂氛围不只需要教师的努力,更需要教师和学生共同营造。良好的氛围是在教学活动发挥作用的前提下,师生双方的需要得到充分的满足后出现的一种心境和精神体验。只有在舒适、自然的课堂氛围中,才能更好地创建一种与学生所学母语相接近的自然语言习得环境。

(三)综合原则

英语各项技能之间是互相联系的,要想提高学生的英语听力水平,就必须重视听力与其他几项技能之间的关系,把输入技能训练与输出技能训练有机地结合起来,以提高学生的综合英语水平。

具体来说,在听力教学中,教师可以采取以听为主、听说结合、听读结合、听写结合和视听结合的方式对学生进行综合的听力训练。这样不仅可以丰富听力活动,还能活跃课堂气氛,培养学生的自主学习意识,使学生在轻松的氛围中提高英语水平。

二、大学英语听力教学的新方法

(一)任务型教学法

任务型教学法即通过让学生完成听力任务来锻炼其听力能

力,同时完成教学目标。在任务型教学法中,任务的真实性尤为重要,只有保证任务的真实性,才能切实、有效地培养学生对听力学习策略的应用能力。一般来说,听力过程中的任务主要包括六种,分别是列举型、排序与分类型、比较型、问题解决型、分享个人经验型、创造型。下面就具体介绍任务型听力教学法的实施步骤。

1. 听前阶段

听前阶段主要是准备阶段,即教师通过各种方法,如预测、头脑风暴法、发现活动等,帮助学生确立听力目标、激活背景知识,并让学生对相应的语言形式、功能进行训练,帮助学生建立新图式或激活头脑中已有的图式,以更好地理解听力材料。

2. 听中阶段

听力理解过程需要学生集中注意力认真听资料,以便灵活处理各种语言信息。听中阶段是任务型听力教学过程中的关键阶段,这一阶段也是教师最难控制的阶段。在此阶段,为了保证学生顺利完成听力任务,教师可以组织学生进行形式多样的活动,帮助学生学会使用听力技巧、听力策略,训练学生的信息理解和听力技能运用能力,以更好地理解和记忆材料内容。

3. 听后阶段

听后阶段的主要目的在于巩固所学知识,此阶段的重点在于测试学生对听力材料的理解,而非考查学生的记忆。因此,在这个阶段,学生应该根据教师提出的各种任务,如听后说、听后写、听后填表等方法,通过完成多项选择题、回答问题、做笔记并填充所缺失的信息、听写等方式评估听力效果,达到巩固听力信息和技能的目的,同时为日后的英语学习奠定基础。

(二)微技能教学法

听力能力的培养需要借助一定的技能,听力技能是听力有效进行的基础和保障。因此,在听力教学中,教师应注意向学生介绍一些常见的听力技能。

1. 猜测词义

猜测词义是听力微技能教学的重要方式。在听力实践过程中,听者很难完全听明白材料的每一个词,此时就可以通过上下文进行词义猜测,从而更加顺畅地理解材料内容。

在听力实践过程中,切勿一有生词就打断思路,应该从整体听力活动入手,综合使用词义猜测技巧,保证听力活动的顺利进行。

2. 抓听要点

抓听要点也是一个有效的听力技能。交际是交际者在交际目的的作用下进行的言语活动,在听力教学中教师应该教授学生抓话语要点的方法,在会话中注意信息的侧重,听主要内容、主要问题、主题句和关键词,学会略听无关紧要的内容。

(三)基于学习策略的教学法

学习策略就是学生在听的过程中采用的各种策略。基于学习策略的教学法体现了以学生为中心的教学原则。教师在采用这种教学法前,必须了解听力学习策略的主要内容,如此才能有效地将其融入自身的教学过程。具体来说,学生的听力学习策略主要包括以下三个。

1. 元认知策略

(1)计划。学生在进行听力练习前,首先要对听力活动的目标、过程、步骤做出规划与安排,因此教师可以为学生布置具体的学习任务,使学生明确听力的目的,从而为听力活动做好充分的准备。

(2)监控。监控是指学生依据学习目标,对学习计划中的学习进程、方法、效果、计划执行情况等进行有意识的监控。

(3)评价。评价策略是学生自我检查、自我反省的过程。学生进行自我检查,反思学习的过程和成效,并据此适当调整学习计划和学习方法,能更有效地提高听力水平。学生可以定期或不定期地进行评价活动,如可以在完成某一阶段的学习任务后,对自己学习计划的完成情况进行客观、全面的评价。通过评价,学生不仅可以看到自己的进步,又可以分析自己未能完成听力任务的原因,并找出解决问题的方法。

2. 认知策略

认知策略涉及很多方面,如根据上下文、语调、主要句重音和语篇标志来推断词义;通过识别关键词和关键句来把握主题;记录重要的人物、时间、地点、数字等细节信息;有意识地将学生已有的社会文化知识和已有的语言基础知识与所听语言材料联系起来。

为了让学生更好地掌握、使用认知策略,教师可以创设一些听前活动,这样既可以激活学生已有的、与主题相关的图式,又可以传授一些与听力材料有关的背景知识和词句方面的语言知识。同时,教师要让学生明白句子的重音对表达语言意义的作用,知道如何找句子的关键词、主题句,如何就已经理解的内容进行合理的推理等。

3. 情感策略

情感策略也是不容忽视的重要策略,因为学生在学习过程中的情感状态会直接影响其学习行为与学习效果。所谓情感因素，既涉及积极情感，也涉及消极情感，前者主要包括学习过程中的兴趣、动机、自信、意志力、态度等，后者主要包括焦虑、内向、害羞、胆怯等。对教师来说，要充分发挥情感因素的积极作用，从而激发学生的英语听力兴趣，使之积极地参与课堂教学活动，提高教学与学习效果。学生一旦遭遇一些不利的情感问题，如自主学习策略实践的程度不够、听力的自我效能低等，教师应该及时地运用正确、积极的心理情感策略来帮助学生克服这些问题。

第二节 大学英语口语教学改革

一、大学英语口语教学的原则

（一）循序渐进原则

与听力技能一样，口语水平的提升也不是一朝一夕的事情，需要经历一个逐步的提高过程，因此无论是学生练习口语还是教师进行口语教学，都要坚持循序渐进原则。例如，教师在设置教学目标时要遵循循序渐进原则，注意难度适宜。过高的目标会给学生带来过多的心理压力，过低的目标难以调动学生的积极性与兴趣，因此教学目标既不能过高也不能过低。

再如，在大学阶段，学生通常来自全国各地，很多学生的英语口语表达会或多或少地受方言的影响。对此，教师首先应仔细分析学生的语音特点与发音困难，进而为学生纠正发音提出建议与指导，使学生按照由易到难的顺序，从语音、语调、句子、语段等层面逐渐提高。

（二）互动性原则

口语练习本身是一件很枯燥的事情，长期的枯燥练习很容易减弱学生对英语学习的兴趣和积极性。因此,口语教学应坚持互动性原则,多让学生进行互动和交流,这样学生便能够在互动练习中不断保持兴趣,逐渐提高口语表达能力。

为了让学生多进行互动,教师可以在教学中采取多样化的教学方法。具体来说,教师可以根据教学目标和教学内容采用不同的教学方法,如设计情景对话、唱英语歌曲等,给学生创造更多交流实践的机会。同时,教师可以充分利用学校的教学设备,如录音机、多媒体等让学生观看图片、画面以及听原味的英语,使学生接触地道的英语,进而有效地培养学生的口语能力。总之,多样化的教学方法可以调动学生的学习积极性,促使学生之间的互动,显著提高教学的效率。

(三)鼓励性原则

学生在口语练习中很容易出现焦虑情绪,出现不自信、害怕出错而不敢开口等现象,对此教师要坚持鼓励性原则,多鼓励学生,对其多多表扬,树立其口语表达的自信心。

根据努南(Nunan,1999)的观点,鼓励学生并使他们大胆说英语是口语教学中一项很重要的原则,因此教师应为学生创设更多有意义的语境。在这样的语境下,学生不会担心受到嘲笑,从而更好地进行口语练习。针对一些口语基础较差的学生,教师可考虑采取"脚架式"的教学方法,使教学策略与学生的状况相一致。

(四)课堂教学与课外活动相结合原则

一直以来,我国的英语口语教学活动都特别注重课堂教学,而忽视了课外活动。实际上,课外活动是课堂教学的继续和延伸,与课堂教学密切相关。因此,教师不仅要注重课堂教学,而且应该注重课外活动,为学生创造条件,指导学生在不同场合运用所学的语言材料进行正确、流利的口语操练,如组织英语角、英语演讲比赛、英文唱歌比赛等,让学生通过这些课外活动复习、巩固与提高所学的知识,培养学生说的兴趣。

(五)科学纠错原则

学生既然开口表达,难免会出现各种错误,小到语法错误,大到语言组织混乱,出现这些问题是非常正常的,教师应该客观对待。如果教师急于纠正学生的错误而打断学生的交流,不仅会打乱学生思路,还会打击学生的自信心,增加学生的恐惧心理,进而失去说的勇气。因此,教师不必急于打断学生的对话,可以在学生结束对话之后采用一定的纠错策略,对不同学生犯的不同错误进行区别对待,根据不同场合及不同性质的错误进行分别处理。这样不但不会损伤学生的自信心,反而能使学生改正自己的错误,提高自己的口语能力。

二、大学英语口语教学的新方法

(一)文化导入法

文化导入法即在教学中导入文化因素。具体来说,由于每种语言都处于不同的文化背景中,因此需要结合文化来理解语言的具体含义。教师在口语教学中可以进行总结归纳,通过在教学中导入英语文化来锻炼并提高学生的英语口语表达能力。文化对比法和教师引导法是文化导入法的两种有效方式。

1. 文化对比法

英汉两种语言存在各种各样的差异,了解这些差异有助于学生在口语表达中更好地提升自己。具体来说,在口语教学中,教师可以首先向学生传授有关中西方文化的各种差异,然后指出学生在交流中容易犯的错误,并表明这些错误正是由于不注意中西方文化差异造成的。在反复对比和接受中,学生就能掌握英语和汉语及中西方文化之间的差异,并在以后的交流中多加注意。此外,学生通过了解不同文化的差异能更加尊重不同文化的风俗与习惯,并形成正确处理语言与文化关系的能力。总之,文化对比法是一种行之有效的口语教学方法。

2. 教师引导法

教师在口语教学以及与学生的交流中,应当时刻注意进行有效的引导。特别是在学生产生交际障碍时,教师要及时进行启发性的引导,在帮助学生解决困难的同时充分尊重学生的主体性地位,激发学生学习和运用语言的思维。

(二)创境教学法

口语训练只有在一定的情境中进行才能真正发挥作用,锻炼学生的口语能力,因为人们的交流总是发生在一定时间和空间内的。所以,教师一定要注意口语教学中情境的重要性,把真实的语言情境引入口语教学,让学生在真实的环境下学习口语,这样学生的表达才会更加地道。一般来说,教师可以通过下面两种方式创设情境。

1. 角色表演

角色表演是深受学生喜爱的口语练习方式,大学生往往活力四射,对表演有天然的兴趣,因此教师可以根据学生的这些特点,组织角色表演活动。教师可以让学生自行分工和排练,然后进行表演,满足学生表演欲望的同时,锻炼其组织协调能力、团队合作能力等。表演结束后,教师不要即刻评价,最好先让学生从表演技巧、语言运用等方面发表一些建议,然后再进行总结和点评。

2. 配音

配音也是一种很好的锻炼学生口语表达能力的活动。在配音练习中,教师可以选取一部电影片段,首先让学生听一遍原声对白,在听的过程中教师可以适时讲解其中一些比较难的语言点;其次,让学生再听两遍原声并要求他们尽量记住台词;最后,教师将电影调成无声,要求学生进行模仿配音。

教师在选择需要配音的电影时,要注意遵循以下几个原则。

(1)语言发音要清晰,语速要适当,以便学生模仿。有些电影虽然很优秀,但是角色说话语速过快,对英语水平要求较高,学生在配音时很难跟上,这就很容易打击他们的积极性。

(2)电影的语言信息含量要丰富。有些电影尤其是动作片,虽然很好看,学生也很喜欢,但是这类电影往往语言信息较少,不适合进行配音活动。

(3)电影应当配有英语字幕,最好有中英双字幕。如果没有字幕,教师可以要求学生提前将台词背下来,如果学生对电影情节比较熟悉,也可以不背。

(4)影片内容要尽量贴近生活。由于影片大多和人们的真实生活很贴近,语言也贴近生活,因此配起音来相对容易些,更重要的是能让学生学以致用,让他们真正体会到学习英语的实用性。

(三)移动技术教学法

在现代社会中,移动通信技术为人们提供了一种丰富、生动且不受时空限制的信息交流方式。在教学领域中,越来越多的学者开始关注如何充分利用移动通信技术的优势,将其与口语教学进行有机结合。例如,黄荣怀教授就进行了研究并将"移动学习"定义为"学习者在非固定和非预先设定的位置下发生的学习,或有效利用移动技术所发生的学习"。① 在大学英语口语教学中采用移动技术教学法可为学生的口语练习提供全方位的支持,增加学生与英语的接触机会,并实现课内与课外的相互连接。具体来说,移动技术支持下的大学英语口语教学包括以下几个步骤。

1. 课前自学

在课前,教师对本单元的文化语境、相关知识点进行综合考虑,并据此制作长度适中的音频或视频短片,通过播客(Podcast)传送给学生。学生通过移动设备取得音频或视频文件后,可根据自己的实际情况选择适当的时间、地点进行自主学习。在这一过程中,学生应完成相应的选择题或录音形式的口语作答,这有助于教师了解他们的学习情况。通过课前活动,学生能有效激活已有的背景知识,并事先进行充分的口语练习,从而降低焦虑、害羞等带来的负面影响。

2. 教师讲解

在课前自学阶段,学生已经对相关内容进行了自主学习,对知识点已有所熟悉,因此此时教师的讲解可主要集中在一些重要的词汇、句式与语法项目上。此外,教师可在讲解过程中再次为学生播放音频或视频资料,从而使学生将所讲知识与语言材料结合起来进行理解。

3. 课堂互动

课堂互动灵活多样,可采取学生互动、师生互动等形式,旨在引导学生在具体语境中对语言进行灵活运用。需要注意的是,教师在设计互动活动时应坚持由易到难、由浅入深的原则,将机械

---

① 黄荣怀. 移动学习——理论·现状·趋势[M]. 北京:科学出版社,2008:8-10.

性练习与灵活性练习、创造性练习与半机械性练习、高难度练习与可接受性练习相结合。课堂互动能创造愉快、轻松的学习氛围,为每位学生提供参与机会,有效弥补大班上课的缺点,使一些害怕开口的学生也敢于开口进行英语交流。

4. 课后的移动式合作学习

课堂教学时间是有限的,只能引导学生对新知识进行初级的认知与练习。要想在真实情境中对语言进行更深层次的运用,则必须依靠课后的时间。教师可以依据本单元的主要内容与知识点,为学生安排开放式的真实任务,以此来引导学生通过合作进行口语交际,使他们在探索语言运用方式的过程中扩展知识,并在发现问题、分析问题、解决问题的过程中培养创新思维。

为保证每位学生都可以顺利完成任务并在完成任务的过程中有所收获,教师可以以学生的课堂表现为依据进行分组。具体来说,教师可用短信的方式通知学生分组情况与具体任务,使他们的合作学习得以顺利开展。学生在完成任务的过程中可充分利用移动技术进行沟通,使学生之间、师生之间保持信息的通畅。学生还可将自己的任务上传给教师,教师可在阅览后进行及时回复并给出适当建议。

第三节 大学英语阅读教学改革

一、大学英语阅读教学的原则

(一)循序渐进原则

在阅读教学中,教师应当坚持循序渐进原则,从阶段和目的出发,对阅读效果反馈、阅读任务确定、阅读方法选择等因素进行综合考虑,对学生的阅读速度进行调整,使其达到张弛有度。具体来说,教师在英语阅读教学的起始阶段应将学生对阅读材料的理解作为重点,因此可适当放慢阅读速度。随着英语阅读教学的不断深入,学生在词汇量扩充、语法知识的增加以及语感提升方面都会逐渐取得进步,那时教师可让学生在阅读过程中加快速度。

(二)培养语篇结构意识原则

在大学英语阅读教学中,教师要注意给学生讲授不同文体的不同组织形式,也就是文体的结构与语篇的组织形式。不同的文章其结构形式存在很大差异,就说明文来说,学生首先要认识到说明文主要用以解说事物、阐明事理,通过解释概念来对事物的特征、本质以及规律进行说明,给人提供各类科学知识。对说明文的概念特征了解之后,在阅读中就要对事物的解说、事理的阐明给予特别关注,从许多重要的概念中形成被说明事物的总体印象,接着再利用次要的概念对这一印象进行补充,使事物在脑海中的形象更为具体和丰富。总之,就是从语篇角度出发,强调段落结构,从整体上对文章进行把握,便于获取总体信息。

(三)层层设问原则

在阅读教学中,教师会提出各种问题让学生回答。提问有助于激发学生的学习兴趣,提高阅读动机,同时能让学生集中注意力听教师讲课。但是,提问不能盲目进行,需要讲究一定的原则和策略,即坚持层层设问原则。教师在提问题时要注意体现一定的层次性,所提问题应由易到难、由浅入深,使学生通过回答简单的问题获得自信,在回答较难的问题时更愿意开动脑筋、积极思考,挑战自我,获得成功。如此一来,学生便可在教师的引导下逐步提高阅读理解的能力。

二、大学英语阅读教学的新方法

(一)文化导入法

在口语教学中,我们介绍了文化导入法,在阅读教学中,其也是一种行之有效的方法,且在阅读中导入文化知识相对更容易。文化导入可以通过以下两种方法进行。

1. 介绍文化差异,激发学生阅读兴趣

众所周知,兴趣是促使学生积极学习的直接内动力,当学生对所学内容感兴趣时,就会投入全部精力专心学习。因此,教师可采用适当的方式来激发学生的阅读兴趣和热情,调动学生的积极性,使学生获得文化知识,提高阅读水平。其中,在阅读教学中进行英汉文化差异的介绍和分析就是一种培养学生英语学习兴趣的有效方法。

需要注意,教师在向学生介绍文化知识、比较英汉文化差异时,不应局限于课本所提供的材料内容,而应突出课本内容,向学生讲解更多的与课本材料相关的文化知识,使枯燥的课文讲解变得生动活泼,这样才能最大限度地激发学生的学习兴趣,使学生在轻松愉悦的氛围中习得英语语言知识。

2. 培养学生的文化意识

在具体的学习过程中,学生虽然已经具备了一定的词汇知识,也拥有了一定的阅读能力,但是对于一些阅读材料理解起来仍然非常吃力,这主要就是因为文化知识缺失造成的。虽然教师在教学中也灌输一些文化知识,但学生对此不重视,认为文化知识的学习并不是阅读学习的重点。为了切实提高学生的英语阅读水平,提高学生的阅读乐趣,教师有必要培养学生的文化意识。

(二)语块教学

语块是语言中频繁出现的语言结构,由多个词组成,它的形式和意义比较固定、没什么变动,出现的语境一般比较固定,在词汇和语法方面能够发挥一定的功能,人们可以从整体上进行记忆、加工、储存和提取。语块理论认为,语块是英语的基本语言单位。

语块的特点主要表现在以下三个方面。

(1)稳定性,英语自然话语中有80%由各类板块结构组成,变化的灵活性相对较小。

(2)自主性,不同语块之间是相对独立的。

(3)扩容性,语块具有相对完整的意义,不像单个词语那样孤立,已远远超出了词汇搭配的范围,扩大到句子甚至语篇领域。

有些学生认为,掌握语法、词汇及阅读技巧的并没有帮助自己明显提高阅读效率。实际上,外语学习者永远无法达到和本族语者同样的水平,因为本族语者的语言知识表现为语块,而不是分析性的语法规则。语言学习者若缺少足够的语块,语言能力就受限制。在英语阅读教学中运用语块理论,就是既改善输入又提高输出。

以语块形式阅读可以提高阅读速度。一方面,语块把多个有关联的小组块变成一个大组块,扩大了短时记忆的容量,减少了信息加工的时间,提高了阅读速度;另一方面,在快速浏览标题、首尾段以及各段首句时,有意识地注意语篇中不同功能的语块,也可以提高阅读速度。教师可以先浏览全文以对文章大意有一个大致的掌握,然后引导学生学习陌生语块以扫清障碍。学习陌生语块不仅是学习词汇本身,而且是学习语法结构和与其语境相关的语用功能。以语块形式阅读,可以帮助学生进行整体理解,从而提高阅读速度。

(三)批判性阅读教学法

1. 批判性阅读的一般步骤

顾名思义,批判性阅读教学法十分强调对学生批判性思维能力的培养。在具体的阅读教学过程中,要求学生对文本进行更高一层次的理解,不仅理解表面文意,还应涉及释义、评价技能等层面。同时,批判性阅读教学还要求学生能够辨别重要信息和非重要信息,能够明确区分事实、观点等。此外,还有一些阅读材料所传达的内容不仅仅局限于上述层面,甚至在文章的叙述中会出现信息留白,此时,借助于批判性思维就要对作者的言外之意进行推断,填补语篇的信息空白,进而得出符合文章逻辑的结论。

一般来说,进行批判性阅读需要经历以下几大步骤。

(1)预习文本。通过预习文本来获取与文本话题相关的背景知识。

(2)确定阅读的目的,并决定文本的组织结构。

(3)提出问题,对问题进行审视、理解。

(4)同义转译并对作者的观点进行归纳。

(5)对作者的背景进行考察并分析作者背景与阅读材料中一些观点间的关系。

(6)确定作者的目的、态度。

(7)将所读到的观点与其他观点相联系。

(8)撰写与所读内容相关的文章。

(9)对读者关于某话题的背景知识进行评估。

(10)同别的读者针对阅读材料中的观点进行探讨和分析。

批判性阅读并非是对所读内容进行简单、机械地记忆,而是用批判性的思维学会在阅读过程中提出问题,寻找各种假设,并在此基础上进行分析综合,对作者所传达的要点有明确的认识。

批判性阅读就是采用淘金式的思维,对文本进行动态解读和信息再造。

2. 批判性阅读教学法的具体应用

(1)读前讨论

读前讨论的环节也是质疑与设疑的过程。在阅读文本之前,教师应有意识地引导学生根据教学内容标题、信息词、关键词等有限的信息对阅读的内容进行预测,并在其知识储备中对主题有关的信息点进行快速搜索,对先前与该主题有关的经验进行盘点,然后对这些相关信息进行认知整理、归纳设疑。

需要注意的是,阅读前的设疑不应太过于复杂,应将时间控制在五至八分钟左右。提问的方式也最好应采取派对式、师生问答式以及自言自语式等。典型的提问有以下几种。

Why does the writer choose this topic?

What will the writer try to make his/her readers believe about the topic?

阅读前,设置这些讨论式设疑或预测活动对激活学生的已有知识非常有帮助,并且还能很好地激发学生探求未知愿望、兴趣等。

(2)读中任务

阅读过程也是分析与解惑的过程。具体来说,在阅读阶段,教师应适当地引导学生带着这些所预测的疑惑与期待通读全文并了解文章大意,确定文章的论题和结论,并运用海绵式的方式来寻找结论线索,采取淘金式的思维方式对作者的观点进行解读。

此外,在阅读过程中,教师还应鼓励学生借助于上下文的线索以及自己已有的相关图式来猜测和推断文章中不熟悉的词汇、句意。并对存有疑问的部分进行深入分析和自我解惑。对于阅读材料中的一些无法理解或不能接受的观点提出质疑。教师可以将这些问题写在黑板上组织学生进行讨论。在具体的讨论过程中,具体应采取哪种形式应根据所提问题的多寡以及复杂程度来定。例如,可采取全班集体讨论、四人小组或两人派对等形式。

在运用批判性阅读教学法进行教学时,教师引导学生进行发现、提出、分析、解答问题都应围绕着培养学生的批判性思维这一目标来实现。在这一阶段,可以围绕以下几个典型的问题进行提问。

What does the writer put forward basing on the theme?
Does the description/report reflect the real world?
What is the theme I am going to read?

(3)读后练习

读后练习既是总结与写作过程,也是学生对知识巩固和发展的过程。由于阅读课上的讨论往往会受到时间的限制,要想将阅读过程中遇到的所有问题都讨论透彻不太可能,因而这就需要学生在课后针对一些感兴趣的问题进行独立、深入地思考。这一阶段的总结和写作是将批判性思维加以内化的非常有效的手段。教师还可以借助布置家庭作业的方式使批判性阅读在课堂之外得到很好的延伸。

此时进行写作可以根据实际情况变换写作体裁,如采取写小评论、读后感、小报道以及阅读日志等形式。在进行总结和写作时,可以围绕以下几个典型的问题进行提问。

Were I the writer, what viewpoint would I bring to my readers?
What does the writer try to make us believe?
Is there anything important left untouched but needed to?

(4)整体回归

传统的阅读教学环节最多包含上述三个,但批判性阅读教学还十分重视阅读结束后的整体回归,即批判与反思环节。因为要想检验下阅读过程中是否真正获取了信息、在理解深度和认识角度上是否到位,思考问题以及思想表达是否正确,就需要借助于评价和反馈来实现。从这一意义上来看,写作并不是阅读的结束,而恰恰是回归的过程。批判性阅读教学法的最后一个步骤就是整体回归。也就是批判和反思。在整体回归阶段,教师可以围绕以下几个典型的问题进行提问。

Why should I miss the most important information?

Why couldn't I question the writer's viewpoint of ... as the other students did?

本章主要从教学问题、教学原则和教学方法三个层面对大学英语听力、口语、阅读教学进行了具体介绍。教师在教学过程中,在充分认识其重要性的同时,要灵活采取各种行之有效的教学方法,如此才能真正提高教学效率,切实培养学生技能,助力教学改革。

第六章　大学英语写作、翻译、文化教学理论及改革

大学英语教学的内容基本可分为两个方面,即知识教学和技能教学。对于英语学习者而言,这两个方面是同等重要的,缺一不可。英语写作与翻译作为英语技能的重要构成要素,是每一位英语学习者都应该给予高度关注的。另外,英语学习者要对中西方文化差异有所认识,不断增强跨文化意识,增加语言使用的规范性和准确性。在大学英语教学中,教师要运用多种方法对中西方文化差异进行区分和讲解,让跨文化意识内化为学生的自觉性能力,提高学生应用语言的能力。为此,本章将针对大学英语写作、翻译、文化教学理论及改革展开分析。

第一节　大学英语写作教学改革

一、大学英语写作教学的原则

(一)以学生为主体原则

任何技能教学都应以学生为主体,写作教学自然也不例外。具体来说,教师在开展写作教学的过程中,应当尊重学生的主体地位,时刻以学生为中心。不过,要真正做到以学生为中心,并不是件容易的事。教师首先需要有效激发学生的写作兴趣,唤起学生写作的内在动机,这样才能真正体现学生的主体性。激发学生

兴趣,使学生成为学习主体的方式有很多,其中小组讨论就是提高学生主动性的一种有效方式,具体可以采用提问式、复习式、反馈式、卷入式等活动进行。

(二)重视写前准备原则

坎贝尔(Campbell)认为,写作前有必要进行调研、搜集资料、积累材料、酝酿论点及分析问题等活动。积累写作素材既是重要的写作准备活动,也是培养写作能力的重要手段。为了让学生积累更多的写作素材,以便更好地培养学生的写作能力,教师要鼓励学生在阅读范文的基础上对一些词块、句子、段落等进行背诵。背诵有助于克服英语写作中的负迁移,产出地道的英语表达方式。地道的英语是通过一些固定而优美的句型和英语的习惯说法来表达的。学生之间的讨论在写作过程中也具有十分突出的作用。通过讨论,学生可以获得写作的素材。头脑风暴、对话题的讨论、构思等写前活动不仅可以减轻学生的写作负担,而且可以培养学生的写作元认知策略。

(三)交际性原则

写作虽然不像口语和听力那样具有明显的交际性特征,但是学生学习写作的最终目的也是进行交际,因此英语写作教学应遵循交际性原则。交际性原则要求英语写作教学活动应满足学生的即时需求,以提高学生的实际交际能力。写作活动必须给学生交际的机会,并且使学生从写作交际中获得乐趣。在写前活动和修改活动中尽可能采用小组活动和同伴活动,增加学生之间的交流,如通过小组讨论等交流活动获得大量素材,从而为文章增添内容,锻炼学生的思维能力。

二、大学英语写作教学的新方法

（一）体裁教学法

体裁教学法是随着体裁理论的发展而形成的一种新的教学法。体裁教学法将体裁和体裁分析理论运用于课堂教学，围绕语篇的图式结构开展教学活动。在英语写作教学中，体裁法的具体实施步骤和优缺点如下所述。

1. 体裁教学法的实施步骤

体裁教学法的实施具体可分为以下几步。

（1）范文分析。范文分析是体裁教学法的重要环节。教师通过范文介绍某一体裁，重点分析其图式结构。通过讲解范文的体裁结构、语篇结构和语言特点，突出与这一体裁相关的社会语境、交际目的的分析，让学生对此体裁有一个直观、全面的了解。在范文分析过程中，教师还可以向学生介绍和体裁有关的社会文化、历史、风俗习惯等背景知识。另外，为使学生对体裁有更好的理解，教师可以选择几篇同一体裁的不同文章，让学生分组讨论并分析这一体裁。讨论可以围绕以下几个问题展开：该体裁有什么语言特征和意义特征？该体裁相关的图式结构如何？该体裁的交际目的和社会语境如何体现？

（2）共同协商。分析完范文以后，教师需要安排师生互动、生生互动，实现写作前的沟通交流，为写作提供更多的素材，明确写作思路。另外，教师可以让学生运用体裁分析的方法解析同一体裁的不同语篇，从而让他们通过实践将学到的体裁分析知识融会贯通。

（3）模仿写作。根据范文分析和共同协商的结果，教师协助学生完成这一体裁文章的模仿写作，其中包括阅读、研究、搜集和整理资料、写作等不同阶段。模仿写作并非简单地照搬范文,而是有意识地运用上一步骤中所获得的体裁知识,通过模仿把这些结构特点和语言特点转变为自己的知识。

(4)独立写作。学生选择一个题目进行研究,然后写出这类体裁的文章。此阶段是模仿写作阶段的延伸,教师可以给学生一个新的题目,让他们模仿范文体裁的特点进行自我创作,目的是让学生学以致用。

2. 体裁教学法的优缺点

体裁教学法在英语写作教学中的优点主要体现在以下几个方面。

(1)有助于学生掌握不同体裁的语篇交际目的、篇章结构和语言特点。

(2)有助于学生对语篇建立起正确的认识:语篇不仅是一种语言建构,还是一种社会意义的建构。

(3)有助于学生掌握语篇的图式结构,了解语篇的建构过程,从而理解和撰写某一体裁的文章。

当然,体裁教学法也存在一定的缺点。例如,秦秀白(2000)经过分析后指出,体裁教学法可能导致教学活动太过死板。如果教师缺乏想象力和创造力,那么学生就会觉得这种教学方法呆板、枯燥。另外,由于体裁种类繁多,课堂教学不可能穷尽所有体裁,因此体裁教学法仍具有相当大的局限性。

(二)文化导入法

教师在英语写作教学中应多向学生强调文化因素的重要性,将文化背景知识融入教学过程。观察我国学生的写作可以发现,很多作文都存在重点不突出、黏着性差等问题。这些问题的出现很大程度上源于英语思维能力的欠缺,而英语思维能力的欠缺从某种程度上是因对中西方文化对比不深入所致。因此,在英语写作教学中,教师应有意识地引导学生对中西方不同的思维方式和特征进行对比研究,包括基本词汇文化内涵比较研究、深层文化对比研究、情景对话行为规则的研究等,帮助学生学习和掌握西方人组织篇章的思维逻辑,引导学生用英语思维模式来进行写作,从而写出符合语言交际规范的文章。这就需要学生用西方人的写作思维模式勤加练习,没有大量的练习,写作理论与技巧只能流于形式。学生只有勤写多练,才能发现和解决自己写作中的问题,不断将所学语言知识以及英语思维方式应用于英语写作实践中,逐步提高英语写作能力。

第二节 大学英语翻译教学改革

一、大学英语翻译教学的原则

(一)理论与实践相结合原则

在翻译教学中,传授学生一定的翻译理论知识是非常有必要的,这样能帮助学生系统地了解翻译这门学科,从而更好地进行翻译实践。同时,翻译能力的提高不是一朝一夕的事情,需要学生进行大量有效的实践活动。可见,理论的价值在于指导实践,脱离实践的理论是空洞的,教师在教学过程中必须注意将理论与实践相结合,注重知识系统的实践转换。例如,在有关旅游文体的翻译教学中,教师可以将语言中的一些文化现象通过具体的语篇翻译进行模拟演练,引导学生自主翻译,尤其对于一些个人的独创活动,如收集资料、实地考察、访谈等,要积极鼓励。总之,通过理论与实践的有效结合,学生发现问题、分析问题、解决问题以及与他人交流、合作等能力会有显著的提高,而这些能力对学生翻译能力的提高是大有益处的。

（二）循序渐进原则

上文提到，学生翻译能力的提高不是一朝一夕的事情，而是一个循序渐进的过程。因此，教师在翻译教学中切忌操之过急、拔苗助长，要有耐心，帮助并引导学生一点点取得进步。例如，就语篇的内容来说，要从学生最熟悉的内容进行训练，一点点增加难度；就题材来说，要从学生最了解的入手。总之，要由浅入深、循序渐进，学生翻译起来才有信心，也才能逐渐培养起对翻译的兴趣。

（三）兼顾质量与速度原则

在实际翻译活动中，常常会有催稿很急的情况发生，如果翻译速度太慢，可能会完不成翻译任务。因此，在英语翻译教学过程中，提高学生的翻译速度是一个不可忽视的方面。教师在英语翻译教学中要让学生经常做课堂限时练习，如英译汉练习可以从每小时 200 个左右英文单词开始，以后逐渐增加到每小时 250～300 个英文单词甚至更多；汉译英练习可以从每小时 150 个汉字开始，然后逐渐增加。这样的练习可以让学生在有限的时间内学会有效地完成任务，逐渐提高翻译的速度。

二、大学英语翻译教学的新方法

（一）多媒体教学法

运用网络多媒体技术辅助英语翻译教学具有多方面的优势，对于培养学生的英汉双语翻译能力大有裨益。教师在英语翻译教学中要充分发挥网络多媒体的优势，将其灵活运用于教学活动。

例如,教师可以制作教学课件,建立翻译素材库。不过,网络多媒体课件的制作更强调资源共享、集体备课,仅靠个别教师是很难完成的。此外,制作教学课件需要注意以下几个问题。

(1)在教学内容方面,教师除了注重精讲,还需要注意多练。教师应该从教学大纲出发,通过集体讨论确定精讲的翻译理论和技巧,为教学提供一个框架。同时,教师要根据实际情况进行局部的更改和完善。另外,在具体的教学实践中,教师设计的翻译练习要保证题材、体裁多样,难度适中,并能够做到及时调整和更新。

(2)在教学方法方面,教师应该将课堂与课外相结合。课堂教学时间毕竟是有限的,加之教师的讲解会占据大部分时间,留给学生进行翻译练习的时间很少,因此课堂内外的讲练结合十分有必要。在练习的基础上,教师可以给予学生一些指导性的意见,引导学生归纳翻译技巧和方法。

(3)在教学建设方面,要及时补充、随时更新翻译素材库。教师要从大量的教学实践中归纳出理论,然后将这些理论上升为理性认识,再反过来对实践进行指导。此外,翻译的素材要与时俱进,且难度要体现层次性。

(二)重视中国古典诗词意境的传递

意境是中国古典美学的重要范畴,是指作者的主观情意与客观物境互相交融而形成的艺术境界,在西方文论里恐怕还难以找到一个与它相当的概念和术语。诗歌的思想内容与艺术形式的结合比其他文学样式更加紧密,有些诗歌甚至把诗的形式作为表现意象的重要手段。因此,诗歌的翻译必须兼顾内容与形式,做到形神兼似。那么,如何保持或再现原诗的美学价值,仅仅以英文散文或无韵诗的形式翻译中国的古典诗词显然是不够理想的。毋庸置疑,汉诗英译首先要传达原诗的"意美",也可以说是诗的诗意、诗境。意境传译是一个原则,不容忽视。

1. 影响意境传递的主要因素

意境的传递受许多因素的影响。既然是翻译,就一定会涉及原文和译文、译者和读者。意境属于美学范畴,译者的审美能力和文学再创造能力是影响意境传递的主观因素,而语言差异和文化差异则是影响意境传递的客观因素。

(1)译者的审美能力和文学再创造能力。译者的审美能力决定了译作的美感层次。文学翻译的艺术性强调了译者对原作的思想内容与艺术风格的审美把握,要求译者以再现原作的艺术美为旨归。因此,诗词翻译的过程可以简单表述为"感受美—体验美—理解美—表达美"。译者要再现或传递原文的意境,就必须能够感知原文的意境美,体验并理解这种美,然后在译文中再现或传递出来。

译者首先是原文的读者,需要细心品味文中之境,让自己如身临其境般去体验作者的审美情感,之后通过再创造将原文的意境传达给译文的读者。因此,译者要具备一定的文化修养和人生经历,如此才能比较全面、深刻地理解原作的意境,才能将译文读者带到原文的意境美中。

(2)语言差异和文化差异。翻译需要进行语言文化的对比研究,认识差异并寻求穿越差异的方法。就汉语和英语而言,二者属于不同的语言体系,这就注定它们之间的翻译不能完全对等。例如,中英文诗歌的互译就常常遇到难题,因为汉语的平仄和英语的十二音节诗句的韵律效果是不同的。汉语是一种意境语言,三言两语就能出景、出情,情景交融。而英语注重逻辑分析,少了"虚"和"意",更多的是"实"和"境"。

中国古典诗词的翻译并不是发生在真空中的,而是在两种文化传统的背景下进行的。中国古典诗词常常具有一词多义、象征性、审美意象和隐喻等特征,字里行间别有一番韵味和意境。要体会和理解其中的深意,需要读者具备一定的中国文化修养和文学功底,因此译者要向另一种文化背景下的读者传递原文的意境的确不易。

2.《声声慢·寻寻觅觅》中意境的传递释例

这里我们主要以宋代女词人李清照的《声声慢·寻寻觅觅》为例,探讨在中国古典诗词翻译中如何传递和保存意境。

(1)"寻寻觅觅,冷冷清清,凄凄惨惨戚戚。"该句一连用了十四个叠字加重语气,增强感情,气势流动。表达了国破、家亡、夫丧后的强烈悲痛情感,并对这种情感进行了细致入微的描写。这三小句七组叠字,积聚成一股不可遏制的感情洪流,由浅入深,展现了词人深幽、浓重的强烈愁情,把悲苦的心情和孤寂的处境表现得淋漓尽致。十四个叠字,大多是入声字,逐相重复,音调低沉、节奏顿促,一开头就构成欷歔悲咽的意境。所谓"寻寻觅觅",此时一无所有的李清照在现实生活中已无什么东西可寻觅,更没有什么需要寻觅。唯一占据她身心的,就是对往事的回忆,而往事如梦如烟,犹如消逝的残梦,只能在记忆的角落里苦心地寻觅。这种寻觅,更使她感到现实景况的孤苦,于是"冷冷清清、凄凄惨惨戚戚"。先感于外,后感于心,这种凄惨的氛围,可觉而不可见。

I've a sense of something missing I must seek.
Everything about me looks dismal and bleak.
Nothing that gives me pleasure, I can find.
Even the weather has proved most unkind. (徐中杰)

徐中杰在译文中反复运用了[s]音,前两句押[k]韵,后两句押[d]韵,原文的音美得到了一定程度的体现。但由于句式的原因,无法再现原词那种词的重叠,即简简单单的词所造成的孤独寂寥的意境。此外,原词的"寻寻觅觅"指诗人伤怀往事,所寻觅的除了往日的欢乐,还有失去的爱情和伴侣、永难寻回的青春和豪情以及沦落的故国和家乡。译文把这一无限的意境落在了 Nothing that gives me pleasure,化虚境为实境,不可取。

Seeking,seeking,Chilly and quiet,Desolate,painful and miserable.(杨宪益夫妇)

杨宪益夫妇译的音节数与原文大致相当,而且连用五个形容词,给人一种荡气回肠之感。开篇 seeking 一词的叠用,在某种程度上再现了原词"寻寻觅觅"的急切和伤怀。而且,每个单词中都有 i 这个字母,在形式上造成了一种重复的美感,i 像一声叹息,诉说着作者的情感。

I look for what I miss;

I know not what it is.

I feel so sad,so drear,

and so lonely,without cheer.(许渊冲)

许渊冲在第一、二行运用了相同的句式,在第三、四行使用了重复句型,并且第一、二行和第三、四行分别押韵,女主人寂苦无告的凄凉心境得到了很好的体现,但失去了原诗那种叠音叮咚所造成的余音绕梁的意境之美,结尾处的 without cheer 有繁复之嫌,破坏了整个诗句的节奏美。

So dim,so dark,so dense,so dull,so damp,so dank,so dead!(林语堂)

林语堂先生运用双声和头韵,生动地再现了黄昏细雨、孤苦无依的境况,而且共用十四个音节,与原词完全一致,前面用六个形容词描绘周围环境,而以 dead 一词收住,情景交融,分量极重,完美地体现了原词意思上的递进。

(2)"乍暖还寒时候,最难将息。"这首词作于秋天,但秋天的气候本应该是"乍寒还暖",只有早春天气才能用得上"乍暖还寒"。所以,这首词是写一日之晨,秋日清晨,朝阳初出,故言"乍暖";但晓寒犹重,秋风砭骨,故言"还寒"。"最难将息"句则与上文"寻寻觅觅"句相呼应,说明从一清早自己就不知如何是好。表示诗人身心俱疲,但生活的颠沛、天气的恶劣、心境的愁苦,使她根本不能如愿。

It is warm, but abruptly it turns cold again.

An unbroken rest most difficult to obtain.(徐中杰)

徐中杰的译文用 abruptly 这一词写出了天气的突兀,却难以表达那种万事皆哀的意境。总体来说,译文难以表达出原诗的意境。

The weather, now warm, now cold, makes it harder than ever to forget!(林语堂)

林语堂先生将原诗中"最难将息"译为"最难忘记"。此外,将"乍暖还寒"译为 now warm, now cold 无法将原词四字既可指天气又可指人物情感的精妙体现出来。

Even when it's warmer there is still a chill, it is most difficult to keep well.(杨宪益夫妇)

杨宪益夫妇的译文与原文意义最为贴近,但从意境来讲还是不能让人久久回味。

How hard is it to keep me fit in this lingering cold!(许渊冲)

相比之下,许渊冲先生运用感叹句,精确地表达了作者的国仇家恨之情,lingering cold 点明了"寒"的持续和因寒而生的愁绪,虽失去了原词中的"乍暖",但这仍能让读者想象作者所亲身经历的情景,与原词意境最为贴切。

(3)"三杯两盏淡酒,怎敌他、晚来风急?"这两句写词人"剪不断、理还乱"的生离死别让人无法摆脱。既然摆脱不了,能淡化点儿也好,于是就想到了借酒浇愁,不料晚风忽起,寒气砭骨,使她意绪全无,那"三杯两盏淡酒"根本无法驱散她心头浓重的愁云。怎么办?从全词意境来看,一"敌"一"急"用得极为传神,再加以反问句式,寥寥几句便让人对那愁绪感同身受。

Three cups of thin wine would utterly fail

To cope with the rising evening gale.（徐中杰）

How can a few cups of thin wine bring warmth against the chilly winds of sunset?（林语堂）

Three or two cups of light wine, how can they ward off the strong?（杨宪益夫妇）

By cup on cup of wine so dry, oh, how could I endure at dusk the drift of wind so swift?（许渊冲）

除徐中杰用陈述句外，其他三位都保留了反问句式。相比之下，陈述句较为平淡，语气较弱，反问句则语气强烈一些，和原文更为相近。"敌"字以 cope with 来译略显平和，endure 则显被动承受。ward off 表现了那种对愁绪的抗拒，和 against 一词一样都能较为恰当地体现原文意境。

就"急"字而言，用 rising 和 drift, swift 可以表现风来的过程，更能给读者身临其境的感受，chilly 和 strong 则没有这样的意境。

（4）"满地黄花堆积，憔悴损、而今有谁堪摘?"从前见菊花，虽人比黄花瘦，但不失孤芳自赏之潇洒，还可以以愉悦的心情去观去赏去采去摘；如今见黄花，花仍盛开而人已憔悴，"以乐景写哀情"可见一斑。人去了，花开还有什么意义呢？人不赏花，花当自开；人不摘花，花当自萎；及花已损，则欲摘已不堪摘，何等荒败、何等凄凉！这里既写出了无心摘花的郁闷，又透露出惜花将谢的情怀。词人以花写人，感叹自己如同那饱受风雨摧残的黄花，护花使者没了，将来还有谁关爱自己、呵护自己呢？仰首是愁，俯首也是愁。一个"堪"字，尽显其意境。

About the ground, cluysandiernums are bestrewn.

Gathering into heaps—bruised—withering soon.

With myself in utter misery and gloom,

Who cares to save them from their approaching doom?（徐中杰）

Let fallen flowers lie where they fall. To what purpose. And for whom should I decorate?（林语堂）

Fallen chrysanthemums piled up on the ground, so withered, who would pluck them up now?（杨宪益夫妇）

The ground is covered with yellow flowers, faded and fallen in showers.

Who will pick them up now?（许渊冲）

徐中杰用了 care 这个动词,点明了"在乎、在意"这一层意思,比 should 和 would 更好一些。许渊冲先生用 will 一词传神地表现了词人那种怀念往昔、叹息今后的心情,更能表现原文的意境。相比之下,will 一词更能体现今昔对比,care 用现在时态不能体现这种对比。

(5)"梧桐更兼细雨,到黄昏、点点滴滴。"词人本来郁闷的心情因绵绵细雨而更加潮湿,它还"点点滴滴",没完没了地打在窗前的梧桐树叶上,也声声地打在词人破碎忧伤的心上,从而勾勒出一种黯然销魂、惨淡的意境。不但从视角形象上,而且从听觉形象上烘托出离情悲苦的气氛,造成一种凄绝绵长的艺术境界。"点点滴滴"四个叠字,写出了秋雨的淅沥绵密,且无斧凿痕迹,再度展示了叠字的艺术魅力。

Against the tung and plane trees, the wind rises high.

The drizzle becomes trickles, as even draws nigh.（徐中杰）

And the drizzle on the kola nut. Keeps on droning: pit-a-pat, pit-a-pat!（林语堂）

The drizzle falls on the wutong trees, raindrops drip down at dusk.（杨宪益夫妇）

On plane's broad leaves a fine rain drizzles as twilight grizzles.(许渊冲)

徐中杰用两个词 drizzle 和 trickle 来表示点滴,用词尾语音的重复再现"点点滴滴"这个叠词给人的想象。此外,用一个 become 显示其动态,用词简练。杨宪益夫妇和许渊冲先生的译文则分别只用了 drip 和 drizzle 一词,失去了原文意境。最生动传神的应是林语堂先生的译文,拟声词 pit-a-pat,pit-a-pat 的运用非常形象地描摹了"点点滴滴"的秋雨,使读者在意义之外得到一种暗示,可以说,这一拟声词的使用基本达到了"使读者感同身受"的目的。

(6)"这次第,怎一个愁字了得。"这句含蓄地点明了全词的主旨,使哀思愁绪的宣泄达到了高潮。这句是说女词人此时此刻的感情绝非笔墨所能形容,给读者留下了丰富的想象空间。一个"愁"字,使全篇景物都闪耀出忧愁的泪光。

How, in the word "Miserable", can one find. The total effects of all these on the mind!(徐中杰)

Is this the kind of mood and moment. To be expressed by one word sad?(林语堂)

At a time like this, what immense sorrow I must bear!(杨宪益夫妇)

Oh, what can I do with a grief beyond belief!(许渊冲)

这四种译文都采用了反问句式,再现了词人的感慨。其中,徐中杰和林语堂先生的译文看起来更忠实于原文,都表达出了"愁"字不能尽表词人思绪的含义。杨宪益夫妇和许渊冲先生分别把无限思绪归结到 sorrow 和 grief 上,相比之下不如徐中杰和林语堂先生的译文来得更意境深远,能给读者更多的想象空间。

总之,由于英汉两种语言属于不同的语系,音韵上大相径庭,表达方式也有很大不同,因此中国古典诗词的英译是件十分艰难的工作。体现原文的意境已属不易,要再传译原作的形式之美和音韵之美则更费思量。

第三节　大学英语文化教学改革

在传统的大学英语教学中,为了培养学生运用英语的能力,主要开展的是脱离文化教学的语言教学。但语言与文化有着密切的关系,语言教学不应脱离文化教学,因为学习语言的过程实质上就是了解和掌握该语言背后的文化知识的过程。如果脱离了文化教学,培养出来的学生只懂英语知识,却缺乏真正的跨文化交际能力。随着英语教学改革的不断推进,人们开始意识到文化教学是英语教学不可或缺的一部分,英语习得离不开英语文化习得,二者之间是相辅相成的。文化教学的开展对于提升学生的语言能力、培养学生的文化意识、提高学生的跨文化交际能力十分有利。本节就来具体分析大学英语文化教学的改革。

一、大学英语文化教学的原则

(一)思想性原则

思想性原则是文化教学的首要原则,该原则要求文化教学的内容应是正确的、健康的,要对学生思想道德品质的培养与精神文化的建设具有促进作用。因此,在组织文化教学活动过程中,教师应注意选取具有高度思想性的活动,寓德育于活动中,使学生在学习知识的同时接受思想教育。

(二)针对性原则

在传统的英语课堂教学中,教学大纲、教学目标、教学计划、教材等均是为全体学生设计的,学生所学的知识与技能基本相同。文化教学通常具有丰富的内容与多种多样的形式,可以弥补传统课堂教学的缺陷,做到因材施教。因此,为了将每位学生的潜能都发挥出来，教师应根据不同学生的特点采用不同的活动形式。

（三）分别组织原则

文化教学还应遵循分别组织原则，根据具体情况分别组织不同的活动。英语跨文化活动通常有大型集体活动、小组活动以及个人活动三种类型，其中小组活动最为常见。教师应结合学生的英语水平、个人兴趣将其分为不同的小组，如表演小组、会话小组、戏剧小组等，以使学生的个人才华得以充分发挥。

大型集体活动、小组活动以及个人活动相互影响、相互作用。大型集体活动的效果取决于小组活动的质量，小组活动的效果又取决于个人活动的质量。教师在组织跨文化活动时，应合理安排这三类活动的形式，使三者相互配合，最终提高文化教学的效果。

（四）及时总结原则

总结对文化教学来说必不可少。无论是哪种活动形式，在活动结束之后，教师都要及时进行分析与总结，发现学生所取得的进步与遇到的问题，找出问题的原因，为以后跨文化教学活动的开展做好准备。此外，总结的形式应依据具体活动而定。

（五）渐进性原则

英语学习并非一朝一夕就可以完成的，而是需要一个漫长的过程。教师应意识到这一点，在组织跨文化教学活动时坚持渐进性原则，即由易到难，先简后繁。在刚开始组织跨文化教学活动时，教师应给学生设置较为简单的活动。随着活动的逐渐开展，可采用各种不同的形式，并适当增加活动的难度。学生通过完成各种任务，能够增强自信，获得成就感。如果一开始活动的难度就比较大，学生很容易产生自卑心理，这显然不利于学生的身心发展。

(六)趣味性原则

根据克拉申的"情感过滤假说",在传统的课堂上,由于教学形式、教材、课堂气氛等都存在一定的不足,学生的"情感过滤层"易于升高,容易产生紧张焦虑的情绪,这样他们接受可理解性语言输入时就没有足够多的空间。与之不同,在参加跨文化教学活动的过程中,学生的"情感过滤层"降低很多,便于对可理解性语言进行吸收。可见,保持趣味性对学生的语言学习非常有利。

文化教学应确保活动具有趣味性,具体体现为活动内容丰富、形式多样,富有竞赛性、娱乐性、创造性。教师应努力为学生营造英语学习的良好氛围,使学生在耳濡目染中提高学习效果。

(七)情感性原则

情感性原则要求教师在文化教学中做到以下几点。

(1)以情施教。教师为使情感与知识融为一体,应在授课时引入积极的情感,从而实现以情促知,达到情知交融。对此,教师首先要将自己置于积极的情感上,这样才能带动学生的情感积极性。

(2)寓教于乐。寓教于乐旨在让学生带着快乐的情绪参与课堂教学活动。这就要求教师能够预测和把握好一切变量,使学生乐于接受、乐于学习。值得注意的是,教师应当把调节情绪作为课堂教学活动的一个突破口,从而使学生的学习状态达到最佳的层次。

(3)移情。一个人对其他人或物的情感可以转移到与其有关的对象上,因此移情就是使学生在学习的过程中得到情感陶冶。就英语教学中的移情而言,一方面教师的情感会给学生的情感带来影响;另一方面,教学内容情感因素会对学生的情感造成影响,文章作者以及文章中人物的情感都可能感染学生,因此教师应注意引导学生体会文章作者写作时的情感,重视情感迁移,使学生在受到情感陶冶的同时学习语言知识。

（八）对比性原则

在大学英语文化教学中,教师需要遵循对比性原则,即不断引导学生将本土文化与英语国家的文化进行对比,从而分析二者的差异。语言文化间的对比并非简单的基于行为主义的对比分析假说,而应该基于认知心理科学理论,从正负迁移、推论、转换等方面对母语与二语、三语的迁移及彼此之间的相互作用进行研究,并对比其异同。对比性原则有如下几点意义。

(1)基于多元文化的背景特色,对本土文化、本族文化及英语文化等不同文化之间进行对比,有助于加深学生对英语国家文化的理解和认知,同时逐步了解英语国家的价值观、思维方式、生活习惯、人生观等。这不仅可以避免出现狭隘民族主义,也可以克服民族虚无主义,还可以提升学生的文化理解能力。

(2)通过对不同文化进行对比,学生可以将自己的文化带入英语国家文化中,养成文化思辨能力,辨别其中的可接受文化与不可接受文化。在文化对比中吸取不同文化的精华,在培养英语思维、提高语言交际能力的同时,能够培养自身的民族身份意识及文化自觉,克服"中国传统文化失语症",提高跨文化交际能力。

(3)通过对不同文化进行对比,学生可以进一步加深对不同文化的理解,习得不同的语言文化知识,避免出现交际障碍,从而提高跨文化意识和交际能力。

二、大学英语文化教学的新方法

（一）背景讲解法

在进行语言教学时,对于相关文化背景知识,教师可以做一些说明介绍,这样能够帮助学生更好地理解所学材料。通常情况下,教材所选的课文都有特定的文化背景,有的是作者背景,有的是内容背景,有的是时代背景。如果学生忽略这些背景知识,他们将难以准确理解所学材料。

1. 听说教学中的背景讲解

在听说教学中,教师可以让学生先进行对话表演,从中听出他们已经了解了哪些文化知识,还有哪些部分需要介绍,再通过操练加强印象。例如,每个国家都有丰富的节日文化,了解各国节日的来历、习俗等有助于了解这个国家的文化。教师可以采用任务教学法,预先要求学生以小组合作的方式来查明节日的来历、习俗等,然后在课堂上陈述或表演出来。

2. 阅读教学中的背景讲解

在英语阅读教学中,学生阅读一般的英语文章难度不大,但可能对英语文章理解得不透彻。因此,教师除了要讲授英语基本知识,还应该引导学生学习与课文相关的背景知识。

3. 写作教学中的背景讲解

不同的文化造就了不同语言运用者迥异的思维方式。在运用英语表达自己的思想时,母语文化思维方式、价值观、语言修辞等都发挥着主要作用。由于中西方思维方式和表达习惯的巨大差异,导致两种语言在遣词造句、谋篇布局上均有着不同的表现。中国螺旋型思维造成的一种结果就是,不会直接切入主题,而是反复讲一个问题,最后再总结。西方的思维方式偏向于直线型,在英语段落结构上一般遵从从总到分、从概括到举例、从一般到具体、从整体到个体的形式。西方人撰写的论文往往在文章开头就表明态度,而且文章往往会有一个固定的中心论点,文章中的细节论述都围绕该中心展开。"螺旋式"的中文表达方式往往使以英语为母语的读者迷惑不解,甚至认为中国学生英语表达拖沓、主题不明确。因此,教师应该加强对学生英语写作思维的锻炼。

(二)影视欣赏法

影视作品涉及社会生活的方方面面,包含大量文化信息,是进行文化教学的有力途径。教师可以在课前备课时查找与英美文化知识相关的电视剧和电影,然后在课上通过多媒体放映出来。通过多媒体放映,使原本无声无形的文化知识以声像并茂的形式呈现在学生眼前,让他们对英美文化知识的了解不再仅仅局限于课本的文字和图片,而是有更加深入的了解。这不仅为学生提供了多种不同的文化背景知识,而且可以吸引学生的注意力,从而进一步提高学生学习英语的兴趣。

在欣赏影片的过程中,学生可以直观感受大量有声与无声、有形与无形的社会文化知识。正如一句谚语所说:"一幅图画胜过千言万语。"电影就是这样一种让学生轻松愉悦地学习西方社会文化的手段。那些以社会变迁和发展为主题的纪录电影,其直观的画面与所要教授的文化内容一一呼应,使学生获得更真实的体验和感受,这比从书本上学的知识更难忘。

(三)文学渗透法

众所周知,英美文学中包含大量的西方文化内容,因而越来越多的教师利用文学渗透法来帮助学生学习西方文化。在我国,大部分高校已经开设英美文学课程,这对于大学生文学素养、文化素养的提高大有裨益。

在大学英语教学中开展英美文学教育必定能激发学生的学习兴趣,促进学生英语技能的提高。俗话说,兴趣是最好的老师,如果人们对某件事情产生了浓厚的兴趣,必将投入大量的精力进行研究。现如今,很多学生学习英语的目的在于考试过级或者出国留学,仅有很少的学生对英语有着纯粹的兴趣,因热爱英语而学习英语。阅读文学作品是充满乐趣的,如果教师能够在课堂中积极引导学生开展经典英美文学作品阅读,必然会带动一部分学生的阅读兴趣,让他们在感受异域文化的同时学习英语知识,在阅读的同时增加英语语感,促进学生对语言的掌握能力,进而一定程度上提升学生的人文素养。[①]

著名英国诗人叶芝曾说过,文学作品是他最为重要的教育力量,是所有价值创造中最高的价值。鉴赏英美文学作品能够提高学生的个人品位,培养学生积极健康的人生观与价值观,从而促进学生的全面发展。英美文学教学对提升学生个人人文主义精神、跨文化的交际能力、语言文化修养有着重要的意义。英美文学之所以具有浓郁的国际语言文化魅力,原因就在于英美文学是从文艺复兴兴起到启蒙运动发展,再到浪漫主义和现代时期繁盛的作品,展现了英美两国人民反对专制和压迫,追求理想和民主自由的历史,带有强烈的英美文化符号。在大学英语教学中对英美文学进行鉴赏,可以培养学生的批判和创新思维,是一门必不可少的课程。英美文学的道德教育往往具有寓教于乐的效果,学生在学习英美文学的过程中会不知不觉地进行情操的陶冶和心灵的净化,英美文学经典作品以一种细腻和尖锐的方式处理人所面对的伦理问题和困境,对自我价值和人生进行了深入的思考,对大学生成长和伦理价值观构建具有重要的意义。例如,罗伯特·彭斯(Robert Burns)的 *A Red Red Rose*(《一支红红的玫瑰》)对忠贞不渝的爱情进行了歌颂,对这首短诗的学习有利于学生形成正确的恋爱观;名篇 *I Wandered Lonely as a Cloud*(《咏水

---

① 李国金.浅析大学英语教学与英美文学教学的结合[J].英语广场,2017(76):106.

仙》)中传递的自然生态保护意识,可以让学生形成正确的环境观;罗伯特·弗罗斯特(Robert Frost)的短诗 *The Road Not Take* 以一种隐含的方式表达了人生如旅途的生死哲学观。总之,这些英美文学中的名篇佳作能够让学生获益良多。

一提到英美文学课程,很多人认为是英语专业的课程,其实在大学英语教学中英美文学课程是一门必修课。然而在实际教学中,很多大学由于英语课时安排较少,不能开设英美文学课程。不仅如此,长久以来大学仅重视对学生英语技能的培养,忽视对学生英语素养的培养。文学作为一门重要的人文学科,在学生综合素养的提升方面有重要作用,对人的发展会产生潜移默化的影响,是需要长期的积淀才能发挥作用的课程。

在英语专业教学大纲中我们发现,文学课程的目的在于培养学生欣赏和理解文学原著的能力,逐步掌握文学批评的知识和方法,促进学生语言基本技能和人文素质的提升。所以,英美文学教学不仅仅是语言教学的一部分,而且可以给学生提供一个阅读和思考的引导。教师应该不断鼓励学生进行个性化的阅读,培养独立思考的能力,这是学生形成批判性思维的重要步骤。对于英美文学而言,思想就是一切,教师在课堂上应该对文学作品中的思想进行解读,引导学生在语言学习的同时感悟人生,这也是人文学科的重要任务。

1. 利用英美文学教材帮助学生提升文化敏感能力

大学英语教材中的材料丰富、形式各异,有很多名篇佳作,教师在课堂上可以充分发掘这部分材料,引入作家概述、代表作品、创作风格、文学地位等基础知识。例如,在全新版本《大学英语综合教程》第三册的 *The Last Leaf* 教学中,教师可借此机会对欧·亨利进行简单介绍,并对其创作特点进行分析。再如,在第一册的 *Public Attitudes Toward Science* 教学中,教师可以借题发挥,对雪莱的著名科幻小说进行简单介绍,还可以延伸到美国作家哥特式小说代表人物艾伦·坡。在课堂教学中,教师拿出部分时间进行英美文学基础知识讲授,不仅不会影响教学进度,而且可以拓宽学生的文学视野,激发学生的学习兴趣。

英美文学课程教学在英语专业和非英语专业之间应该有所区别。在非英语专业的课程中,教材选择要格外认真,多采用短篇小说,要精选有典型意义的优秀英美文学作品进行赏析和学习。教师要注重对文学作品的语言特征进行分析,难易程度要适中,同时要选取有趣味性的作品,增加学生的阅读兴趣。例如,可对莎士比亚、雪莱、狄更斯等名家的作品进行赏析,也可以以专题的形式进行,着重对浪漫文学、希腊神话等进行分析。如果采用晦涩难懂的文学作品,就会使文学赏析课程变为文学知识或者英语词汇和修辞学习课程。英美文学作品重在赏析,让学生体会作品中的原汁原味,因此学生课前和课后的阅读必不可少。教师安排学生泛读和精读时一定要首先对作品进行分析,特别是对于精读部分的关键词和关键句进行精讲。

2. 在文学教学过程中提高学生的文化意识

要在大学英语教学中专门开设英美文学课程,必须增加大学综合英语课时量,专门选取一部分课时进行英美文学经典作品赏析,这门课程可以开设一学年,每周两课时,教师在上新课之前有目的地引导学生进行经典作品部分赏析阅读,并对经典作品提出引导性问题。在课前阅读时,学生根据教师所提问题查找相关资料,对作品的作者、写作背景、评价有所了解,阅读的这一过程也是对作者创作风格和语言特色进行了解的过程。在学生进行充足的准备之后,教师在课堂中引领学生进行积极讨论,讨论以小组讨论为先导,教师激励学生进行有个性和深度的讨论,激发学生文学批评的能力。这种教学是一种启发式教学,可以不断提升学生各个方面的能力,尤其是深入把握西方文化内容的能力。

3. 利用合适的教学方法提升学生的文化思维

教师采用理论和作品相结合的方式,在课堂中可以让学生通过角色扮演的形式改编话剧,如采用萧伯纳的作品,其作品多有冲突激烈的情节,也可以用电影配音的形式增加学生的课堂积极性和参与性,促进生生之间、师生之间的交流互动。

教师还可以采用专题讲座的方式对意识流作品福克纳的《我弥留之际》、后现代代表托马斯·品钦的《拍卖第 49 批邮票》、非裔作家作品如《野草在歌唱》、华裔作家作品如《女勇士》,甚至通俗小说家作品如《指环王》等进行系统的讲解和赏析,让学生更为深刻地体会文学作品的强大影响力。另外,可以采用英语诗歌朗诵比赛、英语文学翻译比赛的形式培养学生独立思考的能力。通过一个学年的学习,学生个人的文学素质和文化素养会在潜移默化中不断得到提高。

最后,在英美文学课程的教学中,对学生的评价可以采用多元化的考核方式,侧重学生对文学作品的赏析能力,并注重学生对英美文化知识的学习和掌握,因为单方面的基础知识测试已经不能反映学生的课程学习情况。教师可以采用课前设问、课中提问的方式进行考核,测试问题可以是对经典作品总体内容的把握,也可以按照学生在课堂中的表现酌情给分,考核成绩还应该包括考勤、英美文学批评小论文等。

英美文学以其独特的魅力在世界文学史上占有重要的地位。在我国大学英语教学中渗透英美文学知识,可有效丰富教学内容,能够让学生切实感受英美文化的内涵,感受英美文学作品的魅力,而且能够提高学生对英美文学的阅读能力和英语短文的写作水平,为提升学生的文学素养和综合素质打下牢固的基础。

第七章　大学英语教学评价理论及改革

在大学英语教学过程中,教学评价是最后一个环节,其不仅能够对教学效果进行有效的检验,还能为教师提供及时的反馈,从而为教学方式的修正创造良好条件。可见,只有完成教学评价,才能使教学流程形成一个完整的链条。因此,本章就来探讨大学英语教学评价理论及改革的相关内容。

第一节　教学评价简述

教学评价是衡量教师的教学效果与学生的学习情况的重要指标,能够为后续教学活动的顺利进行提供指引与参考。本节就从定义、分类、内容三个层面对教学评价进行综述。

一、教学评价的定义

想要知道什么是教学评价,首先需要清楚什么是"评价"。"评价"这一概念是由泰勒(Tyler)提出的。对于评价的定义,不同学者的观点各有不同。但不得不说,从评价的定义被提出之日起,学者们就对评价和测试进行了区分。在很多学者看来,评价是人类认知活动中的一部分,而且是非常特殊的部分,它能够揭示整个世界的价值,并对其进行创造与构建。将评价的理念运用到教学之中就形成了教学评价。对于教学评价,中外学者的观点可谓见仁见智,但总体来说可以归结为以下四种。值得注意的是,这四种观点都有自身的不足。

第七章 大学英语教学评价理论及改革

（1）教学评价是一种有系统性地去搜寻资料，以便帮助使用者恰当地选择可行的途径的历程。这种观点的优点在于强调了教学评价在决策层面的作用，其弊端在于很容易让人将教学评价等同于教学研究。实际上，教学评价与教学研究存在着差异，即研究目的与侧重价值不同。在研究目的上，教学研究是为了获得结论，而教学评价是为了指导实践；在侧重价值上，教学研究是为了获取真知，而教学评价是为了获得价值。

（2）教学评价是一种将实际表现与理想目标进行比较的历程。这种观点认为教学评价内容、评价方法是对现实与预期的比较，具有较强的合理性。但是，这一观点过于强调对教学效果的评价，没有考虑教学过程。因此，这一观点较为宽泛，让测评者很难把控评价内容的主次，也不可取。

（3）教学评价等同于专业判断。这种观点考虑到评价人员的主观性这一因素，认为教学评价的目的在于分清好与坏。但是，这一观点也是片面的，因为教学评价不仅是为了分清好与坏，还是为了找寻恰当的因素，对评价进行指导。

（4）教学评价等同于教学测验。这种观点是当前学者在教学测验的辅助下得出的认知。但是，教学评价与测验在本质上存在差异，因此将二者进行等同是片面的。这主要有两个原因。第一，教学测验将数量统计作为重点，侧重于数量化，而如果有些教学事实不能做数量统计，那就不能称为教学测验，这恰恰违背了教学评价的定义。也就是说，教学评价不仅涉及数量分析，也涉及对事物性质的确定。第二，教学实验将对教学现状的描写作为重点，目的是获得客观事实，相比之下，教学评价将对教学情况的解释与评判作为重点。

显然，上述观点各有利弊。笔者从这些观点中选取合理成分，对教学评价进行了界定，认为教学评价是基于教学这一对象，从教学规律、教学目的、教学原则出发，运用可行的技术和手段，来解释教学对象与目标的价值判断过程。①

二、教学评价的分类

划分标准不同,教学评价的类型也不同。根据评价的基准,教学评价可以分为绝对评价与相对评价。根据评价的分析技巧,教学评价可以分为定性评价与定量评价。根据评价的主体,教学评价可以分为自我评价与他人评价。根据评价的功能,教学评价可以分为诊断性评价、形成性评价与终结性评价。就目前的情况来看,根据评价功能所进行的划分最具有说服力。下面从这一观点入手,对教学评价的分类进行详细说明。

(一)诊断性评价

诊断性评价是为了满足学生的需要,教师在课程开始之前对学生展开的情感、认知、技能层面的评价。②

诊断性评价的目的是在对学生的基础知识、基本能力有所了解的基础上,为教学提供必备资料,从而对学生的真实情况和问题进行诊断,以便为解决问题做好准备。

诊断性评价是在教学开展之前进行的,这主要是为了测试学生的基本语言能力,并通过测试的结果对学生分门别类进行安置。有时,诊断性评价也可以在教学中进行,目的是检测学生的学习问题和程度,确定阻碍学生某方面提升的因素。诊断性评价具有如下三个方面的作用。

(1)对学生进行安置。

(2)对学生的学习准备程度进行监测。

(3)对学生产生学习困难的原因有所了解和辨别。

---

① 滕星. 教学评价若干理论问题探究[J]. 民族教育研究,1991(2):81.
② 林新事. 英语课程与教学研究[M]. 杭州:浙江大学出版社,2008:219.

(二)形成性评价

1967年,斯克里文(G. F. Scriven)第一次提出"形成性评价"这一术语,后来很多学者对其进行了扩展和补充。形成性评价又称"过程性评价",指的是在教学过程中,对教师的教和学生的学进行评价,从而了解教师的教学过程与学生的学习过程中存在的问题,评价教师的教学行为与学生的学习能力。

形成性评价的目的是对学生的学习情况加以改进,而不是对学生的成绩进行评定。对于教学过程而言,形成性评价非常重要,是一个持续性的评价。其涉及的内容也非常广泛,如评价学习行为、评价情感态度、评价学习心理、评价参与情况等。形成性评价能够对教学效果与学习情况进行及时的检验,便于对教与学进行反馈。形成性评价的作用如下所述。

(1)强化学生的学习。

(2)确定学生的学习起点,尤其是确定学生对内容的掌握情况,从而为下一阶段的学习确立起点。

(3)为教师提供反馈信息,通过评价,教师可以获得教学反馈,从而更好地指导教学实践。

(4)对学生的学习加以改进,因为形成性评价能够反映学生在学习中的问题,所以教师可以根据这一情况对学生进行指导和纠正,从而改进学生的学习。

实施形成性评价的手段有很多,主要包括以下几种。

(1)学习日志。学习日志与人们所熟知的日记不同。学习日志是指教师对学生日常学习过程所进行的记录,记录的往往是学生的学习行为和学习积极性。学习日志可以由学生制订,也可以由教师制订,但是记录的过程是由学生自己完成的。

(2)专门调查法。专门调查法主要是为了调查学生的学习行为、学习活动、学习兴趣等,是一种有效的收集数据的方法。但是，专门调查法一般具有针对性，其主要采取访谈法或问卷法。

访谈法指的是将调查者与被调查者放置在同一空间中进行面对面的交谈，从而获得相应的语言材料。访谈法主要是利用"听"进行信息的收集，是一种直接有效的调查方式，具体包含个体访谈与集体访谈两种形式。个体访谈，顾名思义，就是通过面对面的交谈获得信息，这种调查方式详细、深入并且全面。集体访谈是在集体中展开访谈，具有效率高、信息收集快的特点。

实际上，访谈法并不是完美的，也有一些缺点。由于在访谈之前，被调查者已经了解了访谈的目的，因此回答问题时会很谨慎，从而影响调查的结果。

所谓问卷法，就是将语言行为调查放在书面上来进行的一种方法，是一种利用"写"来收集语言材料的方式。问卷法的使用通常有一定的要求，即适合于规模较大、人数较多的调查。问卷法按照回答方式的不同，可以分为开放式回答和封闭式回答两种。开放式回答指的是在问题下方不直接给出答案选项，回答的内容也没有明确的规定与限制，被调查者从题面出发，将自己的见解自由陈述出来。封闭式回答指的是被调查者在题面下方的选项中选择自己认同的选项。

需要明确的是，开放性问题的设置一般要保持中立，并在特定的语境中使用语言，问卷设计者可以为调查者设置一定的语境和背景。封闭式问题一般以可测标志为基础，从而为后续的定量分析提供一些便捷之处。

问卷法是调查法的有效方式之一，是信息转换的基本依据。通过问卷法，不仅可以测出人们的语言掌握与运用情况，还可以测出人们如何看待事物。问卷法的优点表现在其实施较为方便，可以留给被调查者充足的考虑时间。此外，问卷法不受被调查者人数的限制。

但是，问卷法也存在自身的缺点。首先，样本往往很难收集起来,也往往缺乏代表性。其次,如果问题设置得非常模糊,那么被调查者的回答也非常模糊,同时有些问题是纷繁复杂的,问卷很难完全表明。

由于每种调查方法都带有自身的优缺点,因此在具体的调查过程中一般是综合运用不同的调查方式,从而得到更加有信服度的调查结果。

(3)观察法。观察法是通过观察被调查人的日常言语行为,从而获得所需要的语言资料。观察法是通过"看"进行的,可以分为隐蔽观察和参与观察两种方式。

隐蔽观察指的是在不显露调查者的身份的前提下,对被调查者在不同的社会环境中的语言使用情况进行观察。

参与观察指的是调查者本身参与到被调查者的活动中,在活动中对被调查者的表现情况进行收集。

对比这两种观察方式可以看出,虽然二者的具体操作方式不同,但是都将被调查者放在了具体的语言环境中,具有较高的真实性。具体而言,观察法的优点表现在以下三个方面。

第一,调查法的操作较为简便,操作的灵活性较高。

第二,通过隐蔽观察的方式,可以了解被调查者一些不便说或者不能说的语言资料。

第三,对被调查者进行直接观察,提高了资料收集的直观性与真实性。

但是,调查法本身也存在一些缺点,具体表现在以下四个方面。

第一,通过参与观察的方式,被观察者的生活也许会受到一定的影响。

第二,观察所收集到的资料,其结果可能只是单个情况,很难被重复验证。

第三,调查法的观察并不能收集到所有的语言现象和语言资料。

第四,调查法在实施过程中,需要观察的事件并不是随时发生的,带有一定的随机性。

(4)学生自评。在形成性评价中,学生自评是一个常见的手段,也是非常重要的手段。这一评价方式符合以学生为中心的原则。通过自评,学生能够发现自身存在的问题,并努力寻求解决问题的方式,同时教师可以了解学生的学习状态与效果。

自评的内容有很多,如学习态度、学习过程、学习努力程度、学习方式、学习成果等。在自评中,教师不应放任自流,应从评价目的出发,为学生制订自评表。此外,教师可以与学生沟通、讨论,了解与掌握学生的学习过程、学习态度与学习成果。

一般来说,自我评价的方式有两种:自评表、自我监控表。

自评表在自评中十分常见,也有着非常高的效率,因为其操作起来简单、方便。当课堂结束之后,教师可以将自评表发给学生,让他们针对本节课所学内容进行自评。

自我学习监控表是对学生的学习过程进行监控的表格。在大学英语教学中,自我学习监控表也非常重要。具体而言,可以按照如下步骤做起。

第一,在使用自我学习监控表之前,教师需要将其用途、操作形式介绍给学生,便于学生轻松使用。

第二,在学习新单元之前,教师让学生根据自身情况,提前设定一个理想的学习目标,然后在自我学习监控表上填写好自己的预期目标。在学习中,学生可以对自己的学习进度进行监控。

在这一过程中,教师不能撒手不管,而是要参与其中,提醒学生定时检查自己的目标与任务,为下一阶段的目标与任务提供指导意见。

(5)同学互评。在形成性评价中,同学互评也是一个非常重要的手段,这是因为学生与学生之间非常熟悉,便于合作与沟通,避免产生尴尬。在同学互评中,合作与沟通是十分必要的因素,且由于学生的学习风格不同,合作与沟通的方式和态度也不同。当第一次进行同学互评时,教师可以采取一些辅助方法。

需要指出的是,同学互评需要遵循一定的原则。例如,在评论他人时,不能主观臆断,应该做到有理有据。为了体现公平与真实,教师应该让多人来评价某一位同学,通过分析不同学生的评语,来确定学生的优缺点。

(三)终结性评价

终结性评价又称"结果性评价",是在某一阶段或者某一学期结束之后进行的评价。终结性评价的作用可以概括为以下几个方面。

(1)对学生的成绩进行评定。

(2)证明学生某一阶段或某一时期的语言水平。

(3)为学生提供下一阶段学习的反馈。

(4)预测学生以后成功的可能性。

终结性评价具有以下几个方面的特点。

(1)就目标而言,终结性评价主要评价的是某一时期或某一阶段的教学情况,往往需要通过成绩来展现,从而为学生的下一步学习做铺垫。

(2)就评价内容而言,终结性评价具有较高的概括性,内容往往是知识、技能等的结合。

(3)就内容分量而言,终结性评价主要评价的是学生在某一时期或某一阶段对课堂内容的掌握情况,因此比较全面,分量较大。

在终结性评价中,测试是最常见的手段。下面重点对测试进行分析和探讨。

1. 测试的概念

测试(test)又称作"测验"。美国著名心理学家安妮·安娜斯塔西(Anne Anastasi)认为,测试其实是对行为样本进行的标准的、客观的测量。这一界定被视为权威、公正的定义。就这一定义而言,测试主要涉及以下三个要素。

(1)行为样本。所谓行为样本,指的是对语言能力表现行为进行的有效的抽取样本活动。在测试中,受试者往往比较广泛,加之每个受试者有着自身的特点,所具有的语言能力也不尽相同,因此测试无法涵盖受试者的全部表现,只能选择代表性较强的样本进行测试,从而以这一检测为依据,对受试者的语言能力进行评价与推测。

(2)客观的测量。所谓客观的测量,主要是对测量标准的强调,即标准是否与实际相符合。要想评定某一项测试是否具有客观性,需要考虑如下几点。

测试结果的有效性如何?

测试结果的可靠程度如何?

测试题目的难易度和区分度如何?

这三个指标是衡量一项测试质量是否过关的重要因素。

(3)标准化的测量。所谓标准化的测量,指的是测试的展开、题目的编制、对分数的解析等要按照一套严密的程序展开。只有进行了标准化测量,才能保证受试者的测试结果更具有有效性与真实性。

2. 测试的手段

根据不同的标准,英语测试的形式也有所不同,具体而言可以划分为如下几种。

(1)按照评分的方式划分。根据评分方式的不同,测试可以划分为如下两种。

第一,主观性测试。主观性测试的题型有很多,如翻译题、简述题、口试等,且设计非常容易,学生可以自由陈述自己的观点与想法,这是对学生语言运用能力的考查。

第二,客观性测试。客观性测试的题型较为单一、固定,主要有判断正误、选择、完形填空、阅读理解等。学生只需要在相应位置写出答案即可,存在猜测的成分,因此很难测量出真正的语言能力。

(2)按照测试的用途划分。根据测试的用途,测试可以划分为如下四种。

第一,成绩测试。成绩测试主要是对学生所学知识的考查,通常包含随堂测试、期中测试与期末测试。这都是从教学大纲出发来设定的。一般来说,大学英语四、六级考试也属于成绩测试,因为这也是从教学大纲出发设定的。但是,大学英语四、六级考试也属于后面所说的水平测试。[1]

第二,潜能测试。潜能测试主要用于评价学生的潜能或者语言学习天赋。潜能测试不是根据教学大纲来设定的,对学生掌握知识的多少也不在意,而是测试学生的发现与鉴别能力,可能是学生从未接触的东西。功能语言学在研究过程中主张使用预测法来了解语言运用情况。潜能测试是为了更好地发现学生的学习潜能,因此可以在应用语言学研究方法的基础上提升潜能测试的科学性。

第三,水平测试。水平测试主要是对学生语言能力的测试,即主要测试学生是否获得了语言能力,达到语言教学的水平,决定学生是否可以胜任某项任务。水平测试与过去的教学内容和学习方式并没有直接的关联性。

---

[1] 刘润清,韩宝成. 语言测试和它的方法[M]. 第 2 版. 北京:外语教学与研究出版社,1991:11.

第四,诊断测试。诊断测试主要是对学生语言能力与教学目标差距之间的确定,从而便于从学生的需求出发来设计题型。诊断测试主要是课程展开一段时间后对学生进行的一定范围的测定。[①] 通过评价学生这段时间的表现,确定学生是否学到了应有的知识,进而发现教学中的问题,改进教学,力图做到因材施教。功能语言学带有综合性,这种综合性和诊断测试有一定的联系。诊断测试通过对学生的学习情况进行分析,可以综合了解学生的语言学习情况和使用情况,便于日后教学的改进。

(3)按照学习阶段划分。根据不同的学习阶段,测试可以划分为如下四种,这是从一个学期来说的。

第一,编班测试。编班测试主要是为分班做准备的,是从学生入学考量的。通过编班测试,教师可以对学生的语言掌握情况加以了解,从而有助于教材的选择与安排。编班测试还会从学生的水平出发,将程度相似的学生编制在一起,进行统一化的指导,从而实现真正的因材施教。由于编班测试对于学生的差异性要求明显,因此在题型设计时应保证连贯与全面。[②] 在编班测试过程中可以采用应用语言学中的调查法和比较法,从而提高编班的科学性。

第二,随堂测试。随堂测试是指在学生经过一段时间的学习后,对学生进行的小测试。这一测试一般时间短、分量少,形式多样。一般情况下,随堂测试的形式有很多,如听写、翻译、拼写等。在设计题目时,应该保证适宜的难度。通过随堂测试,教师可以了解学生每节课的学习程度和语言使用情况,为日后教学改进打下良好的基础。

第三,期中测试。期中测试除了可以将教学大纲的要求体现出来,还会基于随堂测试,形成一定的系统。在进行期中测试时,

---

① 武尊民.英语测试的理论与实践[M].北京:外语教学与研究出版社,2002:31.
② 崔刚,孔宪遂.英语教学十六讲[M].北京:清华大学出版社,2009:309.

教师往往会组织学生复习或者让学生自己复习,之后让学生参加统一考试。期中测试不仅能让学生产生紧张感与阶段感,还能激发他们独立思考,对知识形成一定的系统。

第四,期末测试。与以上三种相比,期末测试具有广泛的应用价值,也具有较长的时间跨度。一般来说,期末测试的目的是对学生某一时期的学习效果进行评价,促进学生系统地巩固知识,为下一学期的安排做准备。期末测试的题型应该从教学大纲出发,将本学期学生的学习内容反映出来,但是也不能完全照搬教科书,应该具有灵活性,从而更深入地检测学生的学习情况。

三、教学评价的内容

教学评价的内容主要有五种:对教师的评价、对学生的评价、对课程的评价、对教学过程的评价以及对教学管理的评价。下面就来具体分析这五种评价。

(一)对教师的评价

在教学过程中,教师处于主导地位,教师素质的高低对于教学效果以及学生成长意义巨大,因此评价教师素质与能力显得尤为重要。具体来说,对教师的评价主要包含以下几点。

(1)对教师工作素质的评价,包含教学质量、教学成果、教学研究、教学经验等。

(2)对教师能力素质的评价,包括独立进行教学活动的能力、独立完成教学工作量的能力等。

(3)对教师政治素质的评价,包含工作态度、遵纪守法、为人师表、教书育人、政治理论水平、参与民主管理、良好的文明行为、坚持四项基本原则等。

(4)对教师可持续发展素质的评价,包含教师发展的潜能、自觉求发展的能力、接受新方法与新理论的能力、本身的自学能力等。

(二)对学生的评价

学生是英语教学的中心,也是教学的主体。对学生进行评价是英语评价的主要内容。教师为了对学生有充足的了解与把握,为社会培养出更优秀的人才,就必然需要对教学进度不断进行调整,这就需要对学生进行评价。具体而言,学生评价涉及以下三个方面。

(1)学业评价。学业评价是从学科课程的目标与内容出发,对学生个体、群体展开的成果式评价。学业评价具有促进性、补救性与协调性。其一般以测量为基础,对学生个体的学习进展情况加以反映,最后做出推断。

(2)学力评价。学力与发展观、人类观、学校观等有着密不可分的关系,受时代的影响,教育与学校的要求越来越高,这就导致学力也在不断发生改变,产生不同的学力观。总体而言,人们对学力的认知有两大方向:一是强调学力是对技能与知识的掌握而形成的能力;二是强调学力是教学的结果,是后天形成的。因此,可以将学力定义为:学生在学业上所获取的结果。而学力评价可以对学生的学习能力、个体差异进行甄别,从而使不同层次的学生完成自己的学习目标。

(3)学生的品德与人格评价。在英语教学中,对学生品德与人格的评价侧重于教学内容的思想性与科学性。

(三)对课程的评价

合理、科学的课程设置对于提升教与学的质量非常有帮助,因此教学评价也需要对课程进行评价。课程评价主要是对课程价值、课程功能的评价,但是为了更好地开展课程评价,需要考虑和了解以下三种模式。

(1)行为目标评价模式。该模式是由学者泰勒提出的。这一模式的中心在于确定目标,从而在此基础上组织教学评价。泰勒认为,既定目标决定着教学活动的开展,而教学评价也是判定的实际的教学活动,从而根据反馈对教学进行改进,使教学效果与既定目标相接近。

(2)决策导向评价模式。该模式又可以称为"CIPP模式",是由著名学者斯塔弗尔比姆(Stufflebeam)提出的。这一模式的中心在于决策,是将背景知识、输入、过程、结果结合起来的一种评价模式。

(3)目标游离评价模式。该模式又可以称为"无目标模式",是由学者斯克里文(Scriven)提出的。斯克里文批判了泰勒的评价模式,并指出为了将评价中的主观因素降低,不能在设计方案时明确将活动目的告诉评价者,这样评价的结果就不会受到预定目标的制约。

(四)对教学过程的评价

在英语教学中,大多数评价非常注重教学效果,即学生的实际成绩,而忽视了教学的过程。因此,一些学者开始对形成性评价进行研究,并从中衍生出了对教学过程的评价这一新的评价内容。一般情况下,对教学过程的评价可以从两个角度分析:一是对教学过程进行系统评价;二是对教学过程中各个环节进行评价。

对教学过程进行系统性的评价是指以某一节课作为教学内容或目标,对课堂开始之前、课堂开始之中、课堂后练习进行系统和整体的评价。

对教学过程中各个环节进行评价主要是对课堂之前的学习、课堂教学、课后的练习进行观测与评价。这样做的目的是引导教师关注和把握教学的各个环节,将各个环节视作重点。

(五)对教学管理的评价

除了对教师、学生、课程设置、教学过程进行评价,对教学管理进行评价也是教学评价的一项重要内容。所谓教学管理,是指将教学规律、教学特点作为依据,对教学工作进行组织和安排。

对教学管理进行评价是对教学过程与结果的评价。通过这一评价方式,评价者可以挖掘出教学管理中的问题,并对其进行改进。在进行教学管理评价时,需要注意以下两个问题。

第一,对教学管理进行评价时,需要注意评价的内容不仅包含对课堂的管理,还包含对学校的管理。

第二,对教学管理进行评价时,需要注意评价指标的合理性与科学性,即需要将教学规章、教学计划、教学步骤、教学检查等囊括进去。

第二节 大学英语教学评价的原则

一、主观方面的原则

(一)双主体

英语有效教学评价首先要遵循主体性原则。学生是教学过程中的主体,英语教学评价最终是以促进学生的发展为目标的。因此,教学评价始终应该强调学生的自我反思以及对学习过程的调控,这样有利于学生综合语言运用能力的发展。

教师必须充分发挥主体作用,掌握课堂评价的各种技巧,将课堂评价纳入正常的课堂教学,增强反思性教学研究。此外,教师必须清楚评价的目标要求,掌握评价的基本操作技能,同时应该积极参与课堂评价指标体系的制订。

教师的主体性是为学生的主体性服务的。教师应该让学生了解自我评价的方法,从而使学生不断提高学习的自主性。

(二)注重效率

注重效率是英语教学评价应当遵循的一个重要原则。影响教学评价顺利有效进行的因素主要有教学活动的设置、学生的配合、评价的方式等。

首先,课堂教学活动具有一定的目标,每一个教学环节都应围绕着课堂教学目标进行。

其次,评价的整个过程都需要让学生理解,如让学生理解所采用评价方法的作用和操作方式。此外,要让他们看到教学评价给他们的学习带来的切实效用。只有让学生看到评价的实际效用,他们才会积极主动地配合。

再次,监控教学评价所采用的方法,这有利于方法的调整和具体操作等,从而确保将教学评价的作用充分发挥出来。

最后,教学评价要以学生自评为主,推动他们成为自主学习者。通过自评,学生能够从学习目标完成的情况中发现自身存在的问题。

(三)目的明确

英语教学评价并不是盲目进行的,而是有一定目的的。没有了目的性,英语教学评价也就从根本上失去了存在的意义。

学生应对教学评价的诸多方面有所了解,如教学评价的重要性、各种评价方式的操作和作用等。

教师对于各种评价方法的目的和预期的效果都应有所了解,不同评价方式的预期目标不同,适用的范围也不同,只有这样教师才能在诸多评价方式中做出正确的选择。

此外，教师在选择评价方法时应结合自己班级和课堂的具体情况，并且注意各项评价方法的作用。

二、客观方面的原则

（一）多元化

首先，评价主体多元化。无论是对教师教学的评价还是对学生学习的评价，教师和学生都要参与其中。评价主体还包括与教育活动有关的学生家长、社会机构等，从而丰富评价主体的构成系统。

其次，评价对象多元化。评价对象应该将教学目标、教学评价者、被评价者、课程参与者包括在内。这样有利于保持评价结果的信度和效度，降低评价的消极影响。

将教学目标纳入评价对象之列，可以随时对教学目标进行评价，从而有利于对教学过程进行调整，促进教学效果的不断提高。

教学评价者应当既是评价的主体，也是评价的对象。将教学评价者列入评价对象之中，可以促使其不断提高自身水平和技能，从而有利于提高评价结果的效度和信度。

将被评价者的主观情感、心理因素、能力等融入教学评价，将有利于被评价者的全面发展。

课程参与者包括参与课程开发、编制、设计的人员，以及课程实施和课程管理的人员。

（二）讲求真实

教学评价讲求真实，因为真实的生活环境强调真实性任务、真实的挑战，所以要在真实的生活情境下对学生的发展进行评价。

首先,在教学评价开始之前,制订好清晰的评价标准,相当于"检核表"。

其次,在现实生活的真实情境中,给学生呈现开放的、不确定的问题情境,并且让学生通过知识和技能的整合来完成任务。

再次,真实性评价承认个体之间的差异,主张对不同的学生采取不同的评价策略。

最后,评价通常被整合在师生日常的课堂活动中,成为教师教学和学生学习的一部分。学生不再是被动的测验接受者,而是评价活动的积极参与者。

(三)强调过程和发展

教学评价强调过程包括三个方面的内容。

从微观层面上说,教学评价直接针对课堂教学活动的历程,结合课堂教学的目标来评价课堂教学的效率。

从中观层面上说,教学的评价不应只是发生在教学结束后,还应发生在教学设计和教学实践的整个过程之中。

从宏观层面上说,有效教学的评价既注重对教师"教"的过程的评价,也注重对学生"学"的过程的评价。

为了实现对学生学习评价的过程性,教师要把评价对象当前的状况与其发展变化的过程联系起来,并将一次性评价改为多次性评价。教师要明白,评价是一种连续性的过程,且有一定的规律可循。因此,教师要将对学生的评价纳入正常的教学过程,使其对学生的学习和教师的教学真正起到实时监控的作用。

教学评价强调发展,是指教学评价不再仅仅是选拔学生,而是改进教学质量以及促进学生的发展。因此,教学评价强调用质性评价统整定量评价,不错过情感、态度等对评价对象的发展影响较大的因素;强调对人性的关怀以及个体的全面发展。

第三节 大学英语教学评价的新方法

一、行为表现评价法

行为表现评价法的目的是评价学习者应用知识去分析问题和解决问题的能力。通俗地讲,如果想知道一个人能做什么,最好的办法就是让他做给你看。在外语教学中应用行为表现评价法的好处体现在两个方面。第一个好处在于,它能真实地反映学习者的语言应用能力。外语学习的最终目的不是掌握外语语言知识,而是提高外语交际能力。只有通过基于任务(task-based)或基于项目(project-based)的行为表现评价法,才能真实地评价学习者的外语交际能力。第二个好处在于,它对课程设计和课堂教学具有反拨和指导作用。

行为表现评价法包括三个主要部分:给学生布置的任务、学生针对任务做出反应的形式和预先确定的评分体系。行为表现评价法采用的是主观的整体评分法,为了保证信度、效度和公正性,需要制订一个可靠、易于操作的评分系统,这是实施行为表现评价法最困难也是最关键的环节。

一般来说,实施行为表现评价法需要经历以下八个步骤。

第一,根据教学目标,确定评价的内容和目的。

第二,以评价内容为基础设计真实的任务。

第三,明确学生完成任务或应用知识分析问题和解决问题所需具备的知识和技能。

第四,审定这些知识和技能是否能够通过所设计的任务反映出来,如果有必要,进一步修改任务。

第五,确定评判标准和不同等级水平的定义。

第六,向学生介绍该评价的目的、内容、形式和标准。

第七,直接观察学生的表现,并将他们的表现与先前制订的评判标准进行对照,予以定级。

第八,将评定结果反馈给学生。

二、评价量表

评价量表是一种比较有效的评价方式。量表的使用使评价更加可靠、公平,可以节约时间,诊断学生的优势与不足。例如,下面的量表(表7-1)可以帮助分析学生听力课中的表现,分析学生感到听力困难时可能存在的原因,可以帮助学生反思自己的学习,还可以为教师安排下一次听力教学提供依据。

表 7-1 听力评价量表

How well did you do in today's listening?

1. Very well. 2. Well. 3. Just so-so. 4. Not too well. 5. Not well.

Did you find the listening easy? If yes, what might be the reason?

1. The language is simple.

2. The speed is too slow.

3. I know the topic very well.

4. I previewed this part before class.

5. ...

Did you find the listening difficult? If yes, which of the following might be the reason?

1. The language is difficult.

2. The speed is too fast.

3. I am not familiar with the topic.

4. I didn't do the preview.

5. ...

(资料来源:鲁子问、康淑敏,2008)

建构主义学习理论使人们意识到了学生在学习中的主体地

位,在评价中的主体地位,看到了课堂教学过程中形成性评价所具有的互动性。与传统的课堂评价不同,课堂教学中最有力的评价方式不是测验,不是量表,不是观察,而是对话,即师生互动和生生互动。课堂教学中的师生对话可以帮助教师诊断学生的学习情况,发现存在的问题。

三、测验

测验是检查学生对知识和技能掌握情况的最常用的评价方式,主要用于评价学习的成果而不是学习的过程。形成性评价中的测验只是用于诊断学生学习的情况,为下一步学习提供参考。也就是说,形成性评价中的测验本身只是用于诊断和参考,不是用于评定、甄别或选拔。测验所反馈的不能只是学生在测验中的成绩,而应该是通过测验所反映出学生已经掌握的知识和技能,还未掌握的知识和技能,帮助分析原因,为下一步的教学设计提供参考。如果把形成性评价测验结果纳入最终成绩判定,那么测验就不属于形成性评价范畴。

四、成长记录袋

成长记录袋(portfolio)是对学生作品的系统收集,可以用于描述学生的进步,展示学生的成就,评估学生的状况;可以用于终结性评价,也可以用于形成性评价。根据记录内容的不同,成长记录袋可以分为成果型记录袋和过程型记录袋。成果型记录袋主要记录学生的优秀作品,作为终结性评价的参考。过程型记录袋通常包括学生的问题、说明、草案、草稿、修改稿、最终产品以及对作品的自我评价,用于监控、调整与发展。

成长记录袋要发挥应有的作用必须让学生参与作品的选择,并让他们对作品进行自我反思。要让学生反思他们所选择的作品,不仅要在指导中明确提出要求,还要让学生填写一个简单的表格,借以促进学生对选择内容的反思,如表 7-2 所示。

表 7-2 成长记录袋简表

学生姓名:_____   日期:_____
关于所收集项目的描述:
学生意见:
我选择该项目放进我的成长记录袋,是因为:
教师意见:
教师姓名:_____   日期:_____
所选择项目的优点:
要考虑的事情或需要改进的领域:

(资料来源:鲁子问、康淑敏,2008)

五、图表填充

图表填充属于信息提取问题,评价的是学生获取信息和转述信息的能力。根据不同的材料,图表可以有不同的表现形式,可以是流程图、地图、表格等。例如:

Passport Control

If you are arriving at London Heathrow Airport and are not transferring(转换) to another flight outside Britain or Northern Ireland, you must pass through Passport Control and Customs(海关) immediately after leaving your plane. If you are not British or a citizen of the European Community, you must fill out a special form before your passport is examined. This form is called a landing card and should be given to you during the flight to London.

After landing, follow the ARRIVALS signs. Make sure you

are in the right channel when you reach Passport Control. There is one channel for holders of European Community passports, and a second channel marked "Other Passports".

Customs

All passengers must pass through Customs after Passport Control. There is a choice of two channels, Green and Red. If you have nothing to declare, go through the Green Channel. If you are not sure about your Duty Free allowance(免税额), or if you have something to declare, go through the Red Channel. If you go through the Green Channel, you may be stopped and asked to open your luggage for inspection.

Going through the passport control and customs

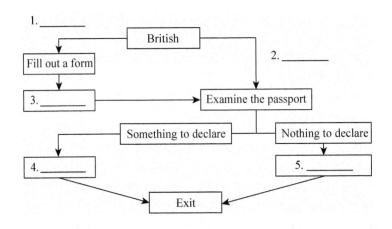

六、建构性问题

所谓建构性问题,是指需要学生组织语言表达自己的理解、表达自己观点态度的问题。建构性问题可以是信息辨认问题、态度判断问题、信息分析问题、信息利用问题、观点评价问题、策略应用问题等。

建构性问题可以是封闭式的,也是可以开放式的,一般情况下以开放性问题或者论述题为多。论述题主要用来测量概念化、建构、组织、整合、关联和评定观点等方面的能力。例如：

Suppose an English gentleman comes to you to ask the way to Tian'anmen Square when you are walking around Beijing Foreign Languages Institute, tell him how to go to Tian'anmen Square.

Search the library or surf the Internet and make a poster or webpage about a Chinese food.

七、项目

项目可以作为终结性评价的一种手段。与其他活动不同，项目要求学生合作完成一个现实中的任务，并且做出某种产品，如板报、网页、模型、话剧、视频节目、谈话节目、调查报告等。下面来看表7-3所示的研究性学习项目表。

表7-3 研究性学习项目表

Research project: Investigation about views on the Internet Current comments on the Net, its application and its tendency.

Requirements:

(1) Final product: a report

(2) Process: to gather information in the following ways:

A. Reading: Resource Text A, Text B, newspapers, magazines and so on for information about the Internet and virtual life, concerning the application, development and prospective.

B. Investigation (the main part of the project): Design a questionnaire and investigate at least two respondents. Collect the answers and analyze its results.

C. Surfing the Internet: Get views on the issue from the Internet.

You may use articles, news reports, commentaries, or pastes.

Requirement about the report:

(1) State the objectives of the project.

(2) State how you do the investigation.

(3) Stage how you gather and analyze the data.

(4) Present the findings (charts and tables are preferred for the presentation of data).

(5) Discuss the result.

（资料来源：鲁子问、康淑敏，2008）

第八章　大学英语教学中的师资建设

英语教师的水平对英语教学的效果有着直接影响,所以有必要明确大学英语教师的角色与素质要求,提升英语教师的教学能力,从而加强大学英语教学中的师资建设,使教师要更好地服务于英语教学。

第一节　大学英语教师的角色与素质要求

一、大学英语教师的角色

(一)组织者

教师作为课堂活动的主要参与者,在过去相当长一段时间里充当着课堂的主体,掌控着整个课堂,而往往忽视学生的主体地位。当今时代,教师在大学英语课堂上的地位发生了巨大转变,由原来的控制者变成了教学组织者。实际上,教学的组织者涵盖多个层面的转变,即由注重教师的教转变成注重学生的学,由统一性教学转变成差异性教学,由信息单向交流转变成信息多向交流,由注重传递转向注重发展。

作为组织者,英语教师在教学中应该组织学生发现、收集、掌握和利用学习资源,与学生之间建立起和谐、平等、民主的关系,组织并营造轻松、积极的学习环境,使学生在宽容、平等的气氛中学习,进而更好地掌握英语知识。

(二)参与者

以教师为中心的教学模式不仅剥夺了教师参与教学活动的机会,而且大大禁锢了学生的想象力和创造性,使学生所学的知识仅停留在外在、呆滞的水平。如今,教师的角色已经由原来居高临下的传授者变成学生学习的参与者。教师和学生都是英语教学的构成要素,师生的地位应该是平等的,二者都应该是教学活动的参与者。因此,在大学英语教学中,教师应该与学生一起探求知识、寻找真理,并勇于承认自己的错误与过失。当然,这就对教师提出了较高要求,即要彻底改变以教师为中心的传统思想,从居高临下的权威中走出来,努力在平等、民主的氛围中引导学生学习,在参与活动时不可成为主角,而是试着成为活动的观察者以及学生学习的倾听者和交流者。

教师在参与学生的活动时,就成了学生的合作者,这样学生就会觉得教师不再是教学的权威,而是学生学习中的一员,从而大大消除紧张的情绪,提高课堂参与的积极性。在英语课堂活动中,教师应尽可能为学生营造自然、轻松的氛围,减轻学生的压力和心理负担。此外,教师在参与学生的语言活动时,可以为学生起到一定的示范作用。在语言活动中,学生在使用语言时会以教师为榜样,借助教师的引导,学生的语言运用能力才会得到较大的提升。

(三)探求者

在英语教学中,教学方法有着举足轻重的地位,它是被教师使用的。然而,在现代英语教学中,教师除了是教学方法的使用者,还应该是其探求者和开发者。因为英语教学的实践性很强,很多语言知识的分析、技能的训练、文化差异的讲解等都要借助一定的教学方法来完成。英语教学常用的方法有语法翻译法、听说法、交际教学法、任务教学法等,它们有着各自的优势和不足,任何方法都不能适用所有教学,所以教师必须综合运用不同的教学方法开展教学,并努力开发和创造适合学生的新的方法,不断更新教学方法,提高教学效率。

(四)文化者

培养学生的综合应用能力,使其成为一名合格的跨文化交际者是英语教学的最终目的。这就需要学生除了掌握扎实的英语语言知识和技能,还要积累丰富的文化知识。由于语言与文化有着密切的关系,在英语交际过程中经常会遇到文化问题,因此在英语教学过程中,教师必须扮演文化者的角色,向学生介绍中西方文化的异同,提高学生的文化敏感性。从社会文化角度说,语言属于一种应用系统,其有着独特的规范和规则,是文化要素中不可或缺的一部分。在英语教学中,教师既要讲授基本的语言知识和技能,又要传授相关的文化背景知识,三者之间是相互促进、相互弥补的关系。从语言文化知识的内容看,教师除了要讲解本土文化知识,还应讲解英语民族文化知识。

在英语教学中,教师的主要任务包括传播本土语言文化、讲解英语文化背景知识和阐述英汉文化差异。英语教师作为传播文化知识的文化者,必须积累大量的文化背景知识,并熟知中西方文化的差异。需要注意的是,在扮演文化传播者和文化差异解释者的过程中,教师应该保持中立的态度,摒弃狭隘的文化本位主义,努力唤起学生的多元文化意识,培养他们的跨文化适应能力。

(五)应用者

当今世界,多媒体和网络得到广泛普及,然而这并没有削弱英语教师的职责,反而使他们面临着更加严峻的挑战。可以说,全新的教学形势对英语教师提出了更高的要求。在多媒体和网络教学的环境中,英语教师应该学习如何运用先进的教学模式和手段,改变传统单一、落后的教学理念与模式,将自己打造成现代技术的应用者,以适应当前教育的需要。

(六)评价者

评价是英语教学不可忽视的一个环节,英语教师除了要向学生传授一些语言基本知识,还要对学生的学习情况加以评价,即在英语教学中扮演一名评价者。通过教师的评价,学生可以认识到自己的进步和不足,从而及时调整学习方法,明确今后努力的方向。通常,学生对教师的评价会非常敏感,所以教师应该尽量给予学生积极、正面的评价,给予他们更多的理解和关爱,尽量避免挫伤学生的自尊心和积极性。

(七)研究者

英语教师还应承担一个重要角色——研究者,进行英语教学研究工作。随着现代技术的迅速发展,教师逐渐从繁重的教学工作中解放出来,有了一定的时间和精力进行教育科学研究工作,如可以根据教学的实际情况研究教学理论、分析教学问题等,这为更好地开展教学实践提供了一定的依据。

二、大学英语教师的素质要求

英语教师的素质在一定程度上决定了教学的质量。当前,社会、学校及家长对于英语教学提出了更高的要求,新的教学手段、教学理论不断出现,也要求英语教师不断提升自身的素养。

(一)语言素质

英语教师首先在语言上必须有较高的素养。也就是说,英语教师要具备英语语言综合水平。具体来说，英语教师的语言素质包括扎实的语言专业知识和较高的语言技能。要想顺利地开展英语教学工作，英语教师不仅要具备系统的英语语音、词汇和语法知识，还要有良好的听、说、读、写能力。其中，教师要有良好的口语水平，以便在课堂上用流利、地道的英语讲课。对于我国学生来说，缺乏真实的英语语言环境始终都是英语学习的一大障碍，所以教师应该为学生尽可能多地提供使用英语的机会，这也要求英语教师必须有良好的英语口语水平。教师良好的口语水平可以保证为学生提供高质量的语言输入。同时，教师如果具备良好的口语水平，会被学生树立为榜样，这对学生的英语学习有一定的激励作用。

在英语教学过程中，教师要想传授给学生足够的语言知识，自己必须先具备充足的知识。总之，教师的语言素质是开展英语教学的基本保障，教师的语言素质高，才能更有效、全面地使用教材，也才能帮助学生解决语言学习过程中的各种问题。

（二）理论素质

语言素质是英语教师最基本的素质，是向学生传授语言知识的最基本条件。然而，英语教学是一种实践性较强的活动，所以它要求教师还应具备一定的理论素质。英语教学的理论大体包括现代语言学理论、教育学和心理学理论、外语教学理论。

1. 现代语言学理论

要成为一名合格的英语教师，获得良好的英语教学效果，教师首先应掌握系统的现代语言学理论知识。对于英语教师来说，要顺利地开展教学工作，不仅要了解语言的本质特征、交流能力的本质、语言理论的发展趋势，还要利用语言方面的知识指导英语教学。

英语教师不需要成为英语语音、语法、词汇、语义和语用方面的专家,但必须熟悉这些领域的最新研究成果,并且可以在英语教学中加以运用,以便提高英语教学的效果。

2. 教育学和心理学理论

英语教师如果仅具备一定的英语语言学知识,而没有一定的教育学理论,并且缺乏相关的心理学知识,那么在英语教学过程中很容易忽视学生。因此,英语教师掌握一定的教育学和心理学知识也是必要的。英语教学属于普通教育,所以教师需要掌握一般的英语教学规律和基本教学原则,熟悉英语教学组织的步骤,以便提高教学组织能力和教学实施能力。

学生是英语教学的对象,并且会出现在整个教学过程中,并与教师展开各种交流,因为一个班级的所有学生都会有各自的心理特点,所以教师应具备一定的心理学知识,以更好地与学生展开交流,促进英语教学的顺利展开。

3. 外语教学理论

外语教学理论也是英语教师提高理论素质的一个方面,其具体涉及外语习得理论知识、外语教学法知识等,特别是英语语言教学法。现代英语教学法有很多,但不管什么方法,都会有各自的使用范围,所以英语教师要全面了解英语教学法的起源、特点、优势及缺陷。也就是说,教师在教学过程中不但要注意整体教学方法的多样化,还要根据每位学生的不同特点,不断调整教学方法,而不是一个方法用到底。

(三)师德素质

师德是英语教师不可忽视的一个素养,也是英语教师从事教育活动的动力源泉。教师的师德具体体现为对学生的热爱、对事业的忠诚、对教学执着的追求和人格的高尚。教师的师德直接影响着学生的成长,因此英语教师在日常的工作中要有理想的信念,有科学的世界观、人生观、价值观,忠于人民的教育事业,具有爱岗敬业的奉献精神,热爱学生。可以说,英语教师只有懂得奉献,体现公正,具有责任感,才可能实现言传身教。

(四)心理素质

心理素质是对人的性格、情感和意志的总体反映。在英语教学中,有着良好心理素质的教师往往更受到喜爱和欢迎。随着社会的发展、科技的进步,英语教师除了要面对繁重的课业压力,还要关注学生的生理和心理健康,所以教师必须提高自己的心理承受能力,培养自身良好的心理素质。具体来讲,英语教师应该从性格、情感、意志三个方面培养自己的良好心理素质。

1. 性格

英语教师本身的性格会在一定程度上影响课堂氛围、班级气氛和学生的热情。通常,性格外向、充满激情的教师所组织的课堂会更有张力,在这种气氛下学生的学习更有热情,学习效果也更好;而性格内向、保守的教师,其教学模式往往比较陈旧、固定,课堂也比较沉闷,很容易影响学生的兴趣。作为一名英语教师,最好既外向、活泼,又能沉着冷静,这样才能让课堂既生动活泼,又井然有序。

2. 情感

教师是一份神圣的职业,所以教师应热爱教育事业,甘愿为学生付出。英语教师也肩负着引导学生健康成长的重责,所以其必须具备强烈的责任感和责任心。英语是一门优美的语言,并且是中西方文化交流的重要桥梁。因此,英语教师要将英语知识和英语文化传授给学生。另外,在情感上,英语教师要以真诚的态度对待每一位学生,表扬和鼓励学生的进步,指导和分析学生的问题。英语教师要热爱自己的学生,对所有学生一视同仁,不能以学生成绩的高低作为评判学生好坏的标准。在课下,教师也应该投入时间和精力观察学生的性格特点,多给予学生一些关爱,努力与学生建立良好的师生关系。

教师在课堂上的情绪往往决定着整个课堂的氛围,进而影响英语教学的效果。对此,这里专门来研究情绪智力对教师教学行为的影响。

(1)情绪智力的含义。沙洛维(Salovey)和梅耶(Mayer)提出,情绪智力是指"觉察情绪的能力,运用并产生情绪以协助思维的能力,理解情绪和情绪知识的能力,以及调节情绪以促进情绪和智力的发展的能力"。沙洛维和梅耶经过不断的修改,提出了情绪智力的结构框架,包括准确觉察、评价和表达情绪的能力,理解情绪以及运营情绪知识的能力,以情绪促进思维的能力,自我调节情绪。巴昂认为情商是一系列有助于个体应对日常生活需要的社会能力和情绪能力,它比智商更能预测一个人的成功。巴昂于1997年提出了情绪智力的定义,他认为情绪智力是影响人应对环境需要和压力的一系列情绪人格及人际能力的总和。2000年,巴昂进一步指出情绪智力是一系列影响个体所有有效应对环境要求的情绪和社会能力,并提出了情绪智力理论框架的五个维度:个人内部成分、人际成分、适应性成分、压力管理成分及一般心境成分。

(2)情绪智力的测量。自从情绪智力的概念产生并获得世界关注以来,就出现了许多理论模型和测量工具。被公认的测量工具主要有两类,即能力模型和混合模型(Mayer,Salovey and Caruso,2008)。

其一,能力模型。这种模型是把情商看作建于情感和一系列的认知情感能力基础上的智力,通过最佳行为表现测试或是测量其解决要求理解情感和运用情感的问题的能力。根据这种模型,情绪智力技能可以教授和培训,个人要想提高自己的情绪智力,可以通过学习、练习和提高情绪智力的几个能力分支来感知自己和他人的情绪。

其二,混合模型。这种模型采用了自我报告或观察者评定来评估情绪智力。最流行的基于混合模型的测量工具是戈尔曼和巴昂量表。戈尔曼的量表由四个部分组成:自我意识、自我管理、社会意识和关系处理。而最知名的是巴昂量表,它更为全面,包含 5 个大标题和 15 个小标题。

(3)教师教学行为问卷调查结果。为了研究大学英语教师的情绪智力与教师积极行为是否具有正相关,人们用 SPSS 17.0 统计软件对两组数据进行了相关分析和回归分析。结果显示:大学英语教师的情绪智力与教师积极教学行为具有正相关($r=0.363, p<0.05$),如图 8-1 所示。回归分析的结果显示:通过大学英语教师的情绪智力可以很好地预测这个因变量(教师的积极教学行为)。

模型		非标准化系数		标准系数	t	Sig.
		B	标准误差	试用版		
1	(因变量)	89.207	14.233	R	6.268	.000
	VAR00002	.258	.112	.363	2.302	.027

图 8-1 大学英语教师的情绪智力与教学行为的相关性

注:图 8-1 中 1 指一元线性回归,t 是检验统计量值,因变量:VAR00002 是指教师积极教学行为,Sig 是概率值;R 是相关系数

图 8-1 结果显示:R 值是 0.363,表明了大学教师情绪智力与教师积极教学行为呈正相关,相关系数为 0.363。

下面请看图 8-2。

模型	R	R^2	校正的决定系数 R^2	标准估计的误差
1 预测变量：（常量）VAR00001	.363	.131	.107	8.644 82

图 8-2　模型汇总

注：图 8-2 中 1 指一元线性回归，R^2 是决定系数，预测变量：（常量）VAR00001 是大学英语教师情绪智力智力。

图 8-2 中，R^2 值是 0.131，表明情绪智力可以解释教师积极教学行为的 13.1%。

可见，情商高的英语教师明显比情商低的英语教师表现出更多积极的教学行为。情商高的英语教师往往表现出对学生的期望、鼓励、表扬、同情、理解、尊敬、耐心，他们还善于妥善地处理师生之间或学生之间的矛盾和冲突，与学生的关系更融洽。在教学方式方面，情商高的英语教师能充满激情地讲课，与学生进行有效的眼神和语言的交流，根据学生的需要及时调整教学方法和教学进度，课堂气氛更活跃，更热爱英语教学，能很好地挖掘课文中的情感因素。

（4）教学启示。在大学英语课堂教学的过程中，学生可能出现各种情绪体验，如内心矛盾、迷惑、沮丧，或激动、兴奋。在英语课堂教学这样正式的场合中，如果教师要帮助学生学习，就需要辨别学生的学习情绪变化。

其一，教师要学会运用自己的情绪智力。然而，当前许多教师还没有意识到自己的情绪智力在其教学中的重要性。大学英语教师应该练习、提高并有效地运用自己的情商。积极的情绪能提高教师对任务的感知能力和解决问题的能力。教师应能在课堂教学中辨别自己和学生的情绪状态，并适当地做出回应。

其二，鼓励有利于激发学生积极情绪体验，教师要充满热情地对待教育事业，这样才能表现出对英语教学的热爱，对所教内容的兴趣,也才能将这种热情融入课堂教学,激发起学生的学习兴趣,创造出积极愉悦的课堂气氛,从而达到理想的教学效果。

其三,教师最重要的是要学会移情,移情的教师可以使学生更多地参与课堂活动,形成高水平的自我意识,产生强烈的求知欲望和情感体验。移情包括两个技能:一个是倾听技能,其能帮助教师获得并理解学生的情感和观点,专注的倾听可以表现出教师对某件事的关注,有时一个感兴趣的目光也能鼓励学生把问题回答完整;另一个是心理换位的技能,教师在准确把握学生传递的信息后通过心理换位设身处地为学生着想,并将自己的情绪态度反馈给学生。教师要处处从学生的角度思考问题,努力满足学生的需要,学会善于倾听学生,控制自己的情绪,善于辨别学生的情绪,正确运用非语言行为,提高自己的情绪智力,达到理想的教学效果。①

3. 意志

教师在英语教学过程中会遇到各种困难,所以必须具备克服困难的勇气和信心。英语教学工作是一项持久的、不可随意中断的教学工作,需要教师必须具有持之以恒的精神和意志。

同时,面对教学中出现的问题,教师需要具有不断发现问题和解决问题的能力,这也是对教师意志的一种要求。教师在日常工作中总会遇到这样或那样的困扰和烦恼,但不可将这些负面的情绪带到课堂上。

(五)人格素质

人格素质也是英语教师应具备的一个重要素质。一名优秀的英语教师应该具备成熟的思想观念、明确的动机态度以及正确

---

① 李国金. 调查大学英语教师的情绪智力对积极的教师教学行为的影响[J]. 当代教育理论与实践,2012(4):129—130.

的价值取向,这也是塑造现代英语教师人格的基本要求。

1. 思想观念

思想观念是学习活动的先导,也是学习文化、自身经验和他人影响的重要产物。英语教学的改革对英语教师也提出了要求,需要其及时转变思想观念,除了具备崇高的品德及优秀的专业知识,还应对自己的角色进行重新审视和定位,以便可以在现代英语教学中充分发挥自己的职能。

2. 动机态度

英语教师既要有职业素质,也要有道德素养。道德素养属于一种态度,也是教师从事教学工作的动力。英语教师的态度主要有对工作的态度、对学生的态度以及对生活的态度。

(1)在英语教学工作中,教师要任劳任怨,尽可能将自己所学、所用全部传授给学生,给予学生必要的帮助和引导。

(2)从学生角度来说,教师应该给予他们充分的关爱和尊重。

(3)从生活态度上说,英语教师应该充满热情、充满活力。

3. 价值取向

教师具备正确的价值取向是建立高素质教师队伍的一个基本要求。价值取向属于哲学中的一个概念,是指主体从自身价值出发,正视并解决矛盾、冲突或者关系时坚持的基本立场和态度。价值取向涉及的范围很广,但就教师而言,其价值取向主要体现在人格素养上,具体涉及个人的认知、丰富的语言知识、良好的心理素质、和谐的人际关系、端正的仪表以及积极的工作态度。在英语教学中,教师既要以宽容、谦逊的态度引导学生,又要以高尚的道德品行感染学生。

(六)科研素质

对传统的英语教学来说,英语教学只需要教师具备一定的语言水平和教学水平即可。然而,现代英语教学要求教师既要有基本的语言水平和教学水平,还应有较强的教育科研意识和科研能力。正如语言学家王宗炎教授所说:"有了一定的外语知识,又有了一些教学经验,理应动手搞一些科研,无奈许多人画地为牢,不肯更进一步。他们应当看到,不搞科研,非但写不出著作,教学也只能原地踏步,甚至往后退。"优秀的英语教师不但是英语教学的实践者,还应该是英语教学的科研参与者,是英语语言教学与学习规律的研究者。在很长一段时间里,我国的英语教学都是照搬国外的英语教学理论和教学方法,这虽然在一定程度上促进了我国英语教学的发展,但因为这些理论和方法多是针对第二语言学习者提出的,而且中国的英语教学是在汉语文化背景下展开的,学生有着独特的生理与心理特点,所以国外的英语教学理论与方法有时并不适用于我国的英语教学。

为了提升我国英语教学的效果,人们不应满足于借鉴国外的英语教学理论与方法,还必须结合我国英语教学的特点,联系我国的英语教学实践,经过融合和创新,探索出一条适合中国特色的英语教学之路。为此,英语教师应该结合自身的教学经验和教学实践,通过教学研究和实践,分析问题,总结经验,将一些好的经验上升为新的理论,丰富我国英语教学理论,促进我国英语教学的发展。

对于科研方法,王宗炎教授指出:"科研该怎么搞呢?一般的看法是多读书,新一点的看法是利用电影、电视和各种媒体,并接上互联网。可是这只是资源,有了资源并不等于有了学问。搞科研要有创获,非得做两件工作:确定要研究的问题,并按既定的方针去观察和实验。我们天天上课,年年接触新学生,这其实就是做实验,不过有人并不自觉。只要变不自觉为自觉,变无计划为有计划,经常把课内课外看到的和听到的东西,成功的和失败的经验都记录下来,定期复查总结,就能提炼出有价值的初步理论。"

(七)教学实践素质

教师的教学实践素质就是教师的实际教学能力。具体来说,英语教师的教学实践能力包括教学组织能力,传授和培养英语知识、技能的能力,较高的文化素养以及综合教学技能。

1. 教学组织能力

教师的教学组织能力就是动员和组织学生集体进行学习的能力。这项能力主要表现在以下两个方面。

(1)有效地掌握课堂。英语教师要想有效地掌握课堂,具体应做到如下几点。

其一,教师应把握英语教学大纲和英语教材的主旨。

其二,教师应掌握心理学、教育学和教学法方面的知识,熟悉英语教学组织的步骤和基本教学原则。

其三,教师应能选择合适的教学参考书。

其四,教师应根据英语教学理论的指导和大纲的要求,为学生设计出符合其特点的教学活动。

其五,教师在课堂上的讲解应科学准确、简洁易懂、逻辑严密,还应适当运用非语言表达手段,如手势、动作和表情辅助教学。

其六,教师应善于调节课堂的气氛,灵活应对课堂上的突发事件。

其七,教师应善于指导学生评价教学。

其八,教师要具备一定的决策能力和信息管理能力。

其九,教师应能运用各种教学辅助工具和手段进行教学,要善于使用多媒体技术、网络技术进行教学。

(2)有效地动员学生积极参与学习。教师要想有效地动员学生积极参与学习,必须具备一定的创造性。教师应该做到一进入课堂就有一种创造性的境界,思维活跃,可以自如地运用知识、技能,从而感染学生,使学生积极投入教师引导的学习活动中。这就要求教师有较高的英语水平,能流利地讲英语,以便更好地动员学生。英语教师的发音必须清晰、准确、流利,所讲内容应易懂、明确,并且能根据学生的语言水平组织自己的语言,尽量使用学生学过的词汇和语法结构。

2. 传授和培养英语知识、技能的能力

英语教师传授和培养英语知识、技能的能力具体体现在如下几个方面。

(1)善于讲解。讲解是每一位英语教师都必须具备的基本能力。一位合格的英语教师应善于将复杂的教学内容变得通俗易懂,可以深入浅出地讲解英语知识。要做到这一点,英语教师除了要充分了解学生的心理、生理特点以及学生的英语水平,还必须认真备课,并且根据不同的内容选择适当的教学方法,讲解时做到重点突出。

(2)善于提问。提问是英语教学中不可或缺的环节,也是英语教师应该掌握的一个教学手段。例如,教师可以在讲解新知识之前以提问的方式帮助学生复习旧知识,在讲解完一堂课的知识后,教师也可以用提问的方式检查学生对知识的掌握情况。教师在提问过程中需要注意两个问题:一是所提问题应能调动起学生的积极性;二是所提问题应与学生水平相符,不能太难,也不能太容易。

(3)善于示范。英语教学既要向学生传授知识,又要培养学生的技能。其中,语言技能具体涉及发音、书写、朗读、说话等的训练,而这些都离不开教师的准确示范。在英语教学过程中,教师要将示范与讲解结合起来,用示范配合讲解,或者用讲解突出示范中的重点,保证示范的准确。示范的目的是让学生准确地模仿,所以教师的示范要与学生的实践结合起来。

(4)善于纠正学生学习中的错误。英语学习是一个不断进步的过程,学生在这个过程中不可避免地会出现各种问题。一些错误学生可以自行改正,无须教师的纠正,而一些错误需要教师采用一定的策略和技巧帮助学生改正。

(5)善于引导学生进行练习。学生语言技能的提高离不开大量的语言实践,如语音练习、语法练习、口语表达练习、听力培养练习、阅读练习、写作练习等,所以英语教师应熟悉各种练习形式的作用,并在课上引导学生进行各种练习活动。

3. 较高的文化素养

文化可以分为两类:正式文化,如文学、艺术、音乐、历史、音乐、建筑等;普通文化,如人们的风俗习惯、社会习俗等。当今时代,英语教师对于英语教学达成了一个共识,即英语教学除了涉及英语语音、词汇、语法及听、说、读、写等方面,还必须有文化的导入。众所周知,语言是文化的载体,语言与文化相互影响、互为补充,因此英语教师必然要注重文化的渗透。不仅如此,文化导入要贯穿英语教学的始终。文化导入一方面可以活跃英语课堂的氛围,引起学生对英语学习的兴趣,另一方面可以增加学生对文化知识的储备,帮助其更好地理解和掌握英语语言。交际是学习英语的主要目的之一,所以英语学习必须注重文化知识。海姆斯概括了交际能力的四个要素:语法性、可行性、得体性和现实性,其中得体性和现实性直接和文化有关。交际能力的得体性就是在涉及讲话的对象、话题、场合、身份等不同的情况下,能够使用不同的得体的语言。交际能力的现实性就是使用真实、地道的英语。总而言之,英语教师必须注重文化知识的传授,要帮助学生了解世界和掌握中西方文化,拓宽视野,培养学生的爱国主义精神,形成健康的人生观。

4. 综合教学技能

英语教师除了要具备讲解语言知识的能力,还要有一定的书写、绘画、唱歌、表演、制作等能力,即综合教学技能。具体来说,英语教师应该具备如下几项教学技能。

(1)能写,即教师的书写字迹工整规范。

(2)能画,即教师会画简笔画,并可以在教学中灵活运用。

(3)能唱,即教师能够根据学生学习的进程编写、教唱学生感兴趣的英文歌曲。

(4)善表演,即教师在表达意义或情感时,可以自如地使用体态语。

(5)会制作,即教师可以设计制作适用于教学的各种教具,如幻灯片、录像、电脑软件等。

(八)驾驭教材的素质

英语教材是开展英语教学的基础,也是英语教学内容的重要载体。一名合格的英语教师应该能熟练驾驭所用教材。也就是说,教师要具备对英语教材的使用和评价两种能力。

1. 对教材的使用能力

对于教材的使用,教师应该具有如下几项能力。

(1)补充或删减教材内容。英语教师在使用教材时应该能根据实际的教学情况,对教材的内容做适当的补充或删减,以便更贴近学生的实际生活,满足学生的需要。当然,对内容的补充或删减并不是任意进行的,要在保证不影响教材完整性和系统性的前提下进行。必要的时候,英语教师可与学生进行协商,决定是否补充或删减某些内容。

(2)扩展教学内容或者活动步骤。有时,英语教材中的教学活动设计的难度会出现与学生水平不符的情况,从而造成教学活动效果不佳的问题。因此,教师有必要根据英语教学的具体情况和需要,适当调整教学活动设计的难度。如果教师认为教材中教学活动设计得太容易,那么可以对活动做适当的延伸,如在阅读理解的基础上,增加词汇训练、展开讨论或辩论,甚至可以进行写作训练等;如果教师认为教材中教学活动设计得太难,那么可以适当增加一些有提示性的步骤,降低活动的难度。

(3)替换教学内容和活动。在英语教学过程中,教师偶尔会遇到教学内容、教学活动不适合教学实际情况的现象,此时就需要教师对这些内容、活动进行替换。例如,英语教材中的作文题目不适合学生,教师就可以自己设计一个题目进行替换。

(4)调整教学方法。不同的英语教学方法有着各自的优点和不足,适用的范围也不同。受客观条件的影响,学生的英语水平存在较大差异,加之教学具体情况不同,因此英语教材中推荐的教学方法不一定适用。此时,教师可以根据具体的教学情况,对英语教学的方法进行调整,以获得更好的教学效果。

(5)调整教学顺序。英语教材中对教学顺序的安排可能会出现不合理的情况,所以教师可以结合教学实际情况进行调整。为了提高学生的英语学习动机,教师在调整教学顺序时应将教学内容与社会现实生活有机联系起来。此外,教师在调整教学顺序时,应注意教学内容之间的关系,遵循循序渐进的原则,不可随意调整。

(6)对教材使用情况进行总结。当某英语教材使用了一段时间之后,英语教师应该对其使用情况加以总结,目的是评价该教材使用的效果。在对教材的使用情况进行总结时,英语教师应考虑如下几个方面。

其一，教师和学生对此教材是否满意。

其二，使用此教材进行教学是否达到了设定的目标。

其三，使用此教材是否有利于提高英语教学的效果。

其四，在使用此教材时发现其中有哪些优点和不足。

其五，此教材的哪些方面需要进行调整。

2. 对教材的评价能力

学生在学习英语的过程中会接触大量的语言材料，不仅会使用英语教材，还会使用一些辅助材料。因此，英语教师还有一项重要的责任，就是帮助学生找到合适的教学材料，这就需要教师具备一定的教材评价能力。英语教师的教材评价能力体现在如下几个方面。

(1)教学的指导思想。英语教学思想可以在宏观上指导英语教材的编写。在评价教材时，教师应该首先评价教材体现的教学指导思想，分析其思想是否与学科的最新研究成果相吻合。教学指导思想具体涉及对语言的认识、对语言学习的认识以及对语言教学的认识。

(2)所采用的教学方法。英语教学方法决定了教师要如何教和学生要如何学，它可以为教材内容的选择、安排以及教学活动的设计提供具体依据和参照。因此，教师在对教材进行评价时，要看其是否体现了先进的教学方法。当然，教材编写应该主要以某种教学方法为基础，同时吸收其他方法的长处。

(3)教材内容的选择与安排。教学内容的选择与安排往往决定教师要教什么和学生要学什么。教材内容的选择与安排应该以英语教学的目标——培养学生综合运用语言的能力为基准。然而，英语语言能力的形成是以基础语言知识、基本语言技能、学习策略、情感态度、跨文化意识以及英语能力为基础。因此，英语教材中必须涵盖以上内容。英语教师评价教材的内容应该看其是否符合语言学习过程的基本规律。

（4）教材的组成部分。一套完整的英语教材应该是由教师用书、学生用书、练习册、多媒体光盘、录像带、录音带、卡片以及挂图等组成的立体化教材，这些部分各有侧重、各有特色，构成了教材有机的整体。

（5）教材语言素材的真实性、地道性。英语教学的目的是培养学生用英语进行交际。因此，教师在教学过程中应该重点教授那些可以在交际中使用的语言。也就是说，英语教材中选择的语言要与现实中使用的语言基本一致，具备真实性、地道性。

（6）教材的设计。英语教材的设计主要涉及教材的篇幅长度、版面安排、开本大小、图文形式、色彩以及媒介形式等。

第二节　大学英语教师提高教学能力的途径

一、更新英语教学的观念

（一）建立新型的师生关系

新型的师生关系就是师生之间要相互尊重、平等相待。传统英语教学中的师生关系通常是领导与被领导的关系，而这种关系早已无法适应当今时代的教学形势。如今，师生之间更讲究平等。在现代英语教学中，学生一方面是教育的主体，另一方面是权利的主体，所以教师除了要向学生传授更多的英语知识，还应充分挖掘学生的语言潜力，充分培养学生的创造力。

（二）坚持以学生为中心

如今，培养学生的英语能力是英语教学的主要目标，所以教师应该坚持以学生为中心的教育观念，尽量少用传统的"翻译式"

"灌输式"的教学方式,多采用新的"启发式""诱导式""研究式"的教学手段。在日常的英语教学中,教师应该尽可能为学生提供更多使用英语的机会,鼓励学生发散思维、创新思维,进而超越具体的结构和功能,丰富英语语言的内涵。另外,英语教师应引导学生成为英语学习的主体,不断鼓励学生用英语进行交流和思维。在设计一堂英语课时,教师一方面要考虑英语教学的目标,另一方面要结合学生的兴趣点,并且要为学生提供参与教学设计的空间和机会,让学生的被动学习变为主动学习,建构以学生为中心的民主性的学习环境。在整个英语教学过程中,教师应做好学生的顾问。教师要"带着学生走向知识",而不是"带着知识走向学生"。只有这样,学生的学习才能变得更加有趣,学生的创造性思维也才能获得培养。总之,英语教师不应成为课堂上的"裁判",而应努力成为课堂活动的组织者、合作者和调控者。

二、更新英语教学的方法

(一)营造良好的课堂氛围

英语教师可以采用短剧表演、分组讨论、背景简介等活动为学生提供说英语的机会,还可以定期创设一些课外活动,让学生从课堂走向室外,走出校园,走向社会,以便进入一种浓厚的、范围更大的、参与者多样化的英语氛围中。另外,教师可以鼓励学生在课下利用网络或图书等进行学习,让学生养成独立学习知识、分析问题、解决问题的能力。

(二)合理利用多媒体技术

过去一直使用的"一支粉笔+一本书+一本教案"的英语教学模式在现代英语教学中已经无法满足实际的需要。如今,英语教师在课上应该适时使用录音机、实物投影机、电脑、语音实验室等现代化电教设备,利用计算机结合教学内容编写课件,为学生营造图文并茂、生动、真实的教学环境。教师可以参与网上课程的讨论、辅导、答疑甚至批阅作业。在英语教学中,充分利用多媒体技术可以有效培养学生主动获取知识和运用知识的能力,最大限度地激发学生的学习兴趣。

三、建立英语科研小组

建立英语科研小组也是提高大学英语教师教学能力的一种手段。通常,科研小组可以由同一所学校的同一个年级的教师组织,以进行教学研究,大家可以定期对某些教学问题进行探讨,根据探讨的问题,共同拟订一个研究题目,制订研究方案,分配任务,各自展开研究,在合作中寻求发展和提高。

但是,英语科研工作必须与英语教学联系起来。教师得到某些创造性的成果之后,可以以知识的形式传授给学生。在英语教学实践中教师也能发现一些值得探究的课题,并集中展开研究。

参考文献

[1] 崔刚,孔宪遂. 英语教学十六讲[M]. 北京:清华大学出版社,2009.

[2] 崔长青. 英语写作技巧[M]. 北京:中国书籍出版社,2010.

[3] 杜秀莲. 大学英语教学改革新问题新策略[M]. 济南:山东大学出版社,2011.

[4] 冯莉. 大学英语语法教学理论与实践[M]. 长春:吉林出版集团有限责任公司,2009.

[5] 何广铿. 英语教学法教程:理论与实践[M]. 广州:暨南大学出版社,2011.

[6] 何少庆. 英语教学策略理论与实践运用[M]. 杭州:浙江大学出版社,2010.

[7] 胡春洞. 英语教学法[M]. 北京:高等教育出版社,1990.

[8] 黄荣怀. 移动学习——理论·现状·趋势[M]. 北京:科学出版社,2008.

[9] 康莉. 跨文化视角下的大学英语教学:困境与突破[M]. 北京:中国社会科学出版社,2014.

[10] 李庭芗. 英语教学法[M]. 北京:高等教育出版社,1983.

[11] 李正栓,郝惠珍. 中国语境下英语教师教育与发展研究[M]. 保定:河北大学出版社,2009.

[12] 林新事. 英语课程与教学研究[M]. 杭州:浙江大学出版社,2008.

[13] 刘润清,韩宝成. 语言测试和它的方法(第2版)[M]. 北京:

外语教学与研究出版社,1991.

[14]鲁子问,康淑敏.英语教学方法与策略[M].上海:华东师范大学出版社,2008.

[15]鲁子问,康淑敏.英语教学设计[M].上海:华东师范大学出版社,2008.

[16]鲁子问.英语教学论(第2版)[M].上海:华东师范大学出版社,2009.

[17]罗毅,蔡慧萍.英语课堂教学策略与研究方法[M].武汉:华中科技大学出版社,2011.

[18]沈银珍.多元文化与当代英语教学[M].杭州:浙江大学出版社,2006.

[19]束定芳,庄智象.现代外语教学:理论、实践与方法[M].上海:上海外语教育出版社,2008.

[20]王笃勤.英语教学策略论[M].北京:外语教学与研究出版社,2002.

[21]王芬.高职高专英语词汇教学研究[M].上海:上海交通大学出版社,2012.

[22]王琦.信息技术环境下的外语教学研究[M].北京:中国社会科学出版社,2006.

[23]魏会廷.教师学习共同体:促进教师专业发展的新途径[M].武汉:武汉大学出版社,2014.

[24]武尊民.英语测试的理论与实践[M].北京:外语教学与研究出版社,2002.

[25]许智坚.多媒体外语教学理论与方法[M].厦门:厦门大学出版社,2010.

[26]许智坚.计算机辅助英语教学[M].厦门:厦门大学出版社,2015.

[27]张红玲等.网络外语教学理论与设计[M].上海:上海外语教

育出版社,2010.

[28]张鑫.英语教学的理论与实践[M].北京:知识产权出版社,2012.

[29]章兼中.英语课程与教学论[M].福州:福建教育出版社,2016.

[30]陈桂琴.大学英语跨文化教学中的问题[D].上海:上海外国语大学,2014.

[31]何薇.大学英语词汇教学研究——以贵阳学院为例[D].重庆:西南大学,2009.

[32]黄慧.建构主义视角下的大学英语语法教学研究[D].上海:上海外国语大学,2007.

[33]卢凤龙.语境理论在高中英语词汇教学中的应用研究[D].济南:山东师范大学,2013.

[34]牟必聪.翻转课堂理念下高中英语词汇教学的设计与实践[D].上海:华东师范大学,2018.

[35]张海倩.基于语境理论的高中英语词汇教学研究[D].重庆:重庆师范大学,2012.

[36]周方源.语境理论在大学英语词汇教学中的应用研究[D].呼和浩特:内蒙古师范大学,2013.

[37]郭向辉.高职英语教学内容改革的探索[J].济源职业技术学院学报,2003(3).

[38]何克抗.教学设计理论与方法研究评论[J].电化教育研究,1998(2).

[39]黄莹.新形势下大学英语教学改革的实践与思考[J].科教文汇,2018(9).

[40]李国金.大学英语教学中翻转课堂教学模式探析[J].高教学刊,2018(12).

[41]李国金.基于体验式的大学英语教学模式与课程模式改革[J].海外英语,2017(6).

[42]李国金.浅析大学英语教学与英美文学教学的结合[J].英语广场,2017(76).

[43]李国金.调查大学英语教师的情绪智力对积极的教师教学行为的影响[J].当代教育理论与实践,2012(4).

[44]李国金.中国古典诗词翻译中意境的传递[J].湖南科技学院学报,2011(11).

[45]李森.改进英语写作教学的举措:过程教学法[J].外语界,2000(1).

[46]秦秀白.体裁教学法评述[J].外语教学与研究,2000(1).

[47]陶卫红.大学英语教学中的合作原则[J].西安外国语学院学报,2004(4).

[48]滕星.教学评价若干理论问题探究[J].民族教育研究,1991(2).

[49]肖川.补一补方法论的课[J].青年教师,2008(2).

[50]肖君.英语词汇教学中文化差异现象浅析[J].四川教育学院学报,2007(5).

[51]周树江.论英语教学中的真实性原则[J].黑龙江高教研究,2007(6).

[52]Nunan D. *Second Language Teaching and Learning*[M]. Beijing:Foreign Language Teaching and Research Press,2001.